モデルみたいにかわいくなれるっ♥
ヘアアレンジ
パーフェクトBOOK
SWEET
JN020776

今よりちょっとだけ
未来のお話――。
ここは、
チャーカ星
ネオ
わたし、チャーカ星の
王女・ネオ！
ネオ、何読んでるんだ？
ギンガ
雑誌？
今度ホームステイするニホンで人気のティーン誌だよ！
Follow Me

Cute
チキュウ人のこの子かわいいな！
…そう？
すっげぇ
おしゃれだしめちゃくちゃ
かわいいじゃん！
にこのオススメコーデ
……
かわいいとか
はじめて聞いた…
むぅ――――
はじめまして！
チャーカ星のネオです

はじめまして！
にこです♡
にこ

あっ！
この子あの雑誌に
のってたモデルさん…!?

ここがわたしの
お部屋だよ～
わ～っ
かわぃぃーー!!

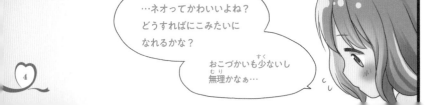

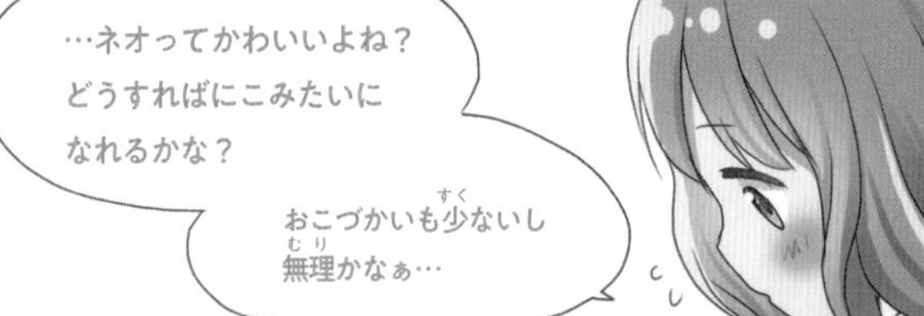
…ネオってかわいいよね？
どうすればにこみたいに
なれるかな？
おこづかいも少ないし
無理かなぁ…

すちゃっ

お金を使わなくたって
すぐにかわいくなれる
方法はあるよ♪

えっ
な、何？

動かないで
こうして、こうして…

シュルッッ

わぁあっ
何これ!?
かわいぃ〜〜！

CONTENTS

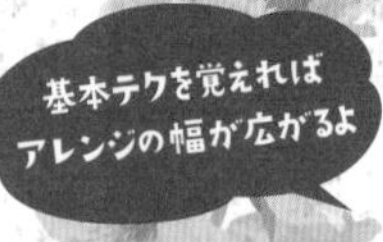
基本テクを覚えれば
アレンジの幅が広がるよ

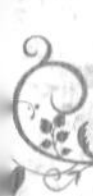
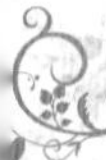

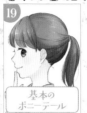

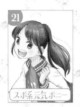

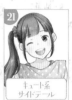

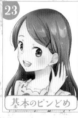

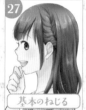

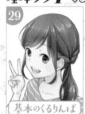

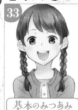

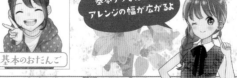

Lesson 2 長さ×テイスト別！1週間アレンジ

ふんわりガーリー

ロングヘア

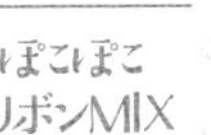

ミディアムヘア

ショートヘア

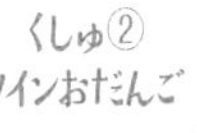

ハピネスポップ

ロングヘア

77 月 ぽこぽこ★おさげ

78 火 逆りんぱ サイドハーフ

79 水 カラフル ゴム結び

80 木 ♥つぽ フィッシュボーン

81 金 サイドきっちり みつあみ

82 土 ねじ② てっぺんおだんご

83 日 おだんご MIXツイン

ミディアムヘア

85 月 ぽこぽこ サイドテール

86 火 アイドル風 ツインテール

87 水 ねじ② おだんごハーフ

88 木 ぽこぽこ 高めツイン

89 金 ねじりんぱ おだんご

90 土 カラフル クリップ∞

91 日 ふわふわ パーマ風ツイン

ショートヘア

93 月 Wつの ハーフアップ

94 火 ふわふわ イヤーマフ風

95 水 ××カラフルピン

96 木 ちびツイン テール

97 金 みつあみ× フォー

98 土 カラフル パフィーブレイド

99 日 バンダナMIX おだんご

姉っぽリッチ

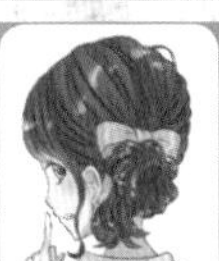

ロングヘア	ミディアムヘア	ショートヘア
107 月 サイドあみこみつあみ	115 月 くるりんぱ②	123 月 カチューシャ風あみこみ
108 火 ゆるふわポニー	116 火 シュシュっぽハーフアップ	124 火 ねじりアシメハーフ
109 水 ねじ②サイドテール	117 水 なんちゃってボブあみ	125 水 毛先遊ばせピン
110 木 かき上げ大人っぽダウン	118 木 みつあみMIXくるりん	126 木 おせいそねじりピン
111 金 ゆるおだんごハーフ	119 金 Wくるりんぱハーフ	127 金 ちょこ②玉ねぎポニー
112 土 あみあみ風くるりんぱ	120 土 ふわくしゅリボン	128 土 おまとめ風フェミニン
113 日 みつあみもこアップ	121 日 大人っぽスカーフMIX	129 日 あみこみツイストハーフ

スクールカジュアル

ロングヘア

131 月 いい子©風 おさげ

132 火 みつあみ くるりポニー

133 水 ロープあみ ツイン

134 木 シースルー ローポニー

135 金 かち② おだんご

136 土 きっちり裏 あみこみつあみ

137 日 前髪ポンパ ポニー

ミディアムヘア

139 月 クロス ツインテール

140 火 カール前髪 ×おさげ

141 水 トップアップ ハーフアップ

142 木 ツインテ みつあみMIX

143 金 ワザあり くるりんツイン

144 土 ふんすい おだんご

145 日 ひもあみ ローポニー

147 月 かくし リボンポンパ

148 火 今っぽ 外ハネボブ

149 水 プチおだんご ハーフアップ

150 木 ツイスト ハーフアップ

151 金 いい子©風 内巻きボブ

152 土 おっきめ あみこみツイン

153 日 おすまし ショートパーマ

Lesson 3 春夏秋冬★イベント&シーン別アレンジ

Column

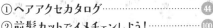

特別ふろく
スキンケア&ヘアケアBook

まずは ヘアアレの基本

ヘアアレに使う道具や、覚えておきたいヘアアレ用語を紹介するよ！
1冊を通して何度も登場するアイテムやワードばかりだから、正しく覚えてね♪

準備したいアイテム

最初はコームとブラシ、ヘアゴム、アメピン、鏡を用意すれば簡単なアレンジはできちゃうよ☆

☆ブラシ・コーム 髪を集める&整えるのに使う!

コーム

髪の毛の流れを整えるときに使うよ。日本語で「くし」というんだ。

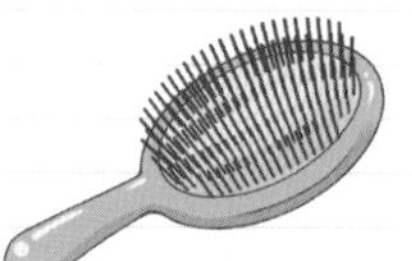

ブラシ

髪をとかすときや、髪を1か所に集めるときに使うよ。

ロールブラシ

360度毛がついているブラシのこと。おもにブローのときに使うよ。

☆ヘアゴム 髪を結ぶのに使うよ!

リングゴム

太めのゴムのこと。ひとつ結びなど、太めの毛束を結ぶのに使うよ。

シリコンゴム

シリコン製のゴムのこと。毛先や細い毛束を結ぶのに使うよ。アレンジゴムともいうんだ。

飾りゴム

リングゴムに、飾りがついているもの。ヘアアレがはなやかに♡

☆ピン、クリップ

髪をおさえたり毛束をとめる!

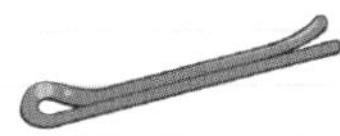

アメピン

「アメリカピン」のことだよ。毛束をとめるのに欠かせない、ヘアアレの必須アイテム。

玉つきピン

アメピンの先に玉がついているピン。アメピンより抜けにくいの。

Uピン

アルファベットの「U」のような形のピン。ふわふわの毛束をおさえるときなどに使うよ。

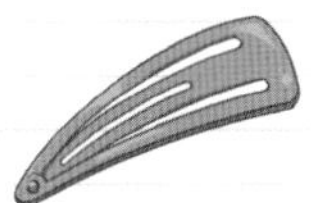

パッチンピン

「スリーピン」「パッチンどめ」などともいうよ。アレンジのアクセントになるの!

ダッカール

結ばない髪をとめておくときに使うよ。「くちばしクリップ」の一種(45ページ)。

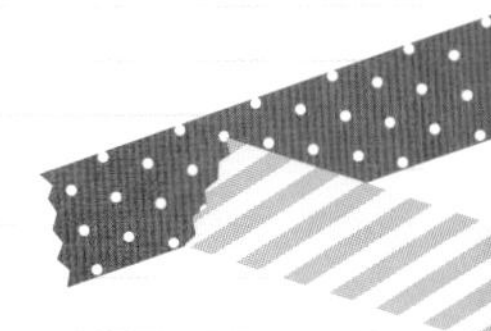

☆ドライヤー

髪をかわかす&セットする

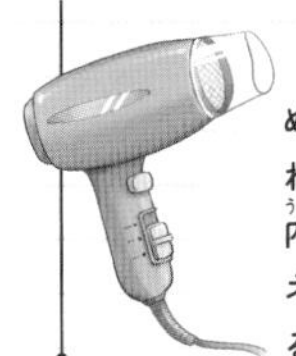

ぬれた髪をかわかしたり、内巻きや外ハネにセットするのに使うよ。

☆鏡

アレンジ中にこまめに確認!

卓上ミラー

自立するタイプの鏡のこと。ヘアアレにはこのタイプが便利!

手鏡

手で持つ鏡。卓上ミラーとあわせて使うと、後ろの状態も確認できる!

☆スタイリング剤

髪をセットする&クセづけする!

ヘアワックス

毛先に動きを出したり、質感をつけたりするのに使うよ。つけすぎるとベタつくから注意!

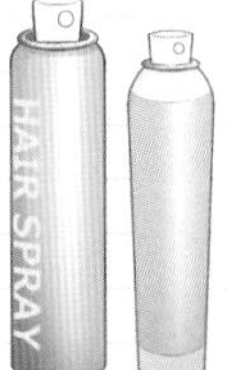

ヘアスプレー

最後にシュッとスプレーすることで、スタイリングがくずれにくくなって、長持ちするの。

ヘアジェル

動かないようにしっかり固めたいときに使えるスタイリング剤。

この本に登場するヘアアレ用語

ヘアアレのやり方などで使われているワードだから、きちんと覚えてね♪

正面

分け目
髪の毛を左右に分けるときに起点になる部分のことだよ。

トップ
日本語で「頭頂部」のことだよ。つまり、頭のいちばん高い部分のこと！

生えぎわ
髪と肌の境目のこと。額だけでなく、耳のまわりやえり足のこともいうよ。

横

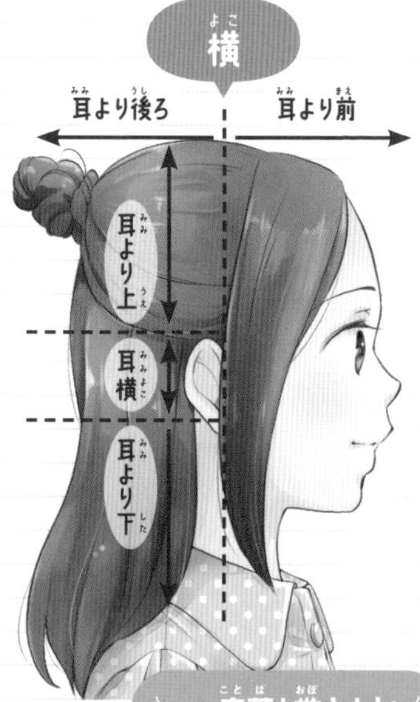

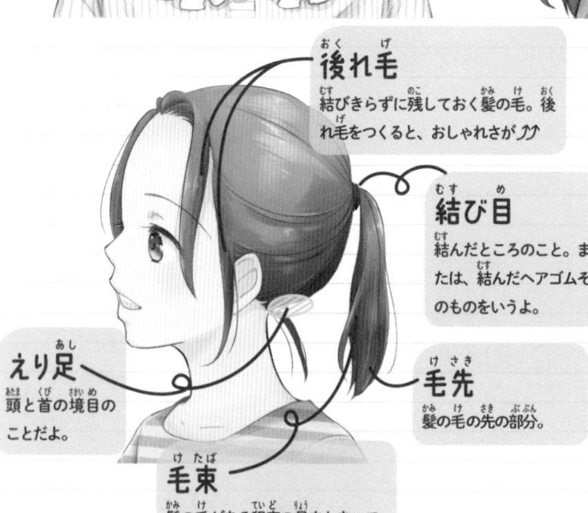

後れ毛
結びきらずに残しておく髪の毛。後れ毛をつくると、おしゃれさが⤴⤴

結び目
結んだところのこと。または、結んだヘアゴムそのものをいうよ。

えり足
頭と首の境目のことだよ。

毛先
髪の毛の先の部分。

毛束
髪の毛がある程度の量まとまって、束のようになった状態のこと。

この言葉も覚えよう！

ボリューム
髪の毛の「量」のことだよ。「トップの毛にボリュームを出す」などのように使うよ。

手ぐし
ブラシやコームを使わず、手をくしのようにして髪をとかすこと。

センターパート
前髪やトップの髪を、おでこの中心で分けることをいうよ。

逆毛
毛束などにふわふわ感を出したいときに、毛先から根もとに向かってコームを入れて逆立てること。

Lesson 1

基本(きほん)の7テクをマスターしよう

一瞬でかわいくなった！
まるで魔法みたい♡

このアレンジ、
わたしも自分で
できるかな？

これはネオがいきなり
挑戦するにはちょっと
難しいかも…
まずは基本から
覚えよう♪

基本…？
ヘアアレには
7つの基本テクが
あるんだよ

結ぶ
くるりんぱ
おだんご
ピンどめ
みつあみ
ねじる
あみこみ

ほとんどの
ヘアアレンジは
この7つのテクの
組み合わせなの

やり方を教えてあげるっ
練習すればだれでも
できるようになるよ♪

やってみたいっ！

1 基本テク

まとめてすっきり！
結ぶ

ほとんどのアレンジに登場するいちばん基本のテクニック

「結ぶ」のは、もっとも基本的なテクニックのひとつ。だれでもできる簡単なテクだと思うかもしれないね。だからこそ、基本ができていないと、ボサボサに見えたり、すぐにゆるんでしまったりして、ヘアアレが決まらなくなるの。正しく結ぶことが、ヘアアレ上手への第一歩になるんだ☆　「くるりんぱ」や「みつあみ」など、ほかのテクでも使うよ！

結ぶときのPOINT

ゴムはギュッとしっかり結ぼう！

「くるりんぱ」など、結び目を少しゆるめることはあるけれど、結んでいるゴムそのものをゆるめるのはNG。ヘアアレがくずれやすくなっちゃうよ。

ゴムの種類を使い分けよう

ベーシックなヘアゴムは、細いシリコンゴムと、太いアレンジゴムの２種類。毛量が多い子や、髪全体をまとめたい子は太めのゴムを選ぶとくずれにくいよ♪

なりたいイメージによって後れ毛を調節！

きちんと感を出したいときは、トップの毛をコームでとかしてゴムに入れきって。反対に、ルーズなおしゃれさがほしい場合は、ざっくりまとめると◎。

後れ毛たっぷりなポニーは108ページをチェック♡

やってみよう！ 基本のポニーテール

後頭部でひとつ結びにするアレンジを「ポニーテール」というよ。ちなみに、ポニーは「小さな馬」、テールは「しっぽ」。つまり、馬のしっぽのような髪型という意味なの！

ブラシ
髪をキレイにまとめるのに使うよ。目がやや粗いものを選ぼう。

ヘアゴム
髪全体をまとめやすいリングゴムを使うのがおすすめ！

1 右利きの子は右手に、左利きの子は左手の手首にヘアゴムを通すよ。こうすることで、ゴムで結ぶときに、手間取らずサッとまとまるの！

2 髪を集めていくよ。あとでブラシを使ってまとめるから、ここではざっくり集めればOK。

3 ブラシを使ってきっちりまとめていくよ。髪の根もとから毛先に向かってブラシをかけてね。根もとは、髪の流れに対して90度になるようにブラシを当てよう。

次のページへ

4 ブラシは、毛先に向かって少しずつたてにするようなイメージをもつと◎。髪の毛を手のひらに向かって引き上げていこう。

5 サイドの毛を集めるときも同じ。髪の流れに対してブラシを90度に当て、毛先に向かうときに、手首を返してブラシをたてにしよう。

6 まとめた毛束を利き手で持ち直すよ。反対の手で利き手の手首のヘアゴムを抜き、毛束をゴムに通してね。ゴムをねじって8の字にし、毛束を通そう。もう一度ねじって通す、ねじって通す……をくり返してね。

7 ゴムがこれ以上ねじれなくなるまでくり返そう。最後に、毛束をふたつに分けて両手で持ち、左右にキュッと引っぱってね！

持ち直すときに毛束がゆるまないように、髪の根もとをしっかりつかんでね！

結ぶをアレンジしてみよう！

結ぶテクは、アレンジが無限大！　結ぶ高さや位置のちがいで、印象をガラッと変えることができるよ♪

アレンジ1 高さでアレンジ！

ポニーテール×低め

おせいそポニー

えり足に近い位置で結ぶと、大人っぽくて落ちついた印象になるの。マジメ＆せいそに見せたいときにぴったりだよ♡

ポニーテール×高め

スポ系元気ポニー

頭のてっぺんに近い位置で結ぶほど、元気いっぱいなイメージになるよ☆　スポーツをするときや、夏のレジャーシーンにもマッチするの。

アレンジ2 位置でアレンジ！

ポニーテール×横

キュート系サイドテール

片側に寄せて耳の上で結ぶ「サイドテール」だよ。ポニーテールよりも、ガーリーな雰囲気になれちゃう♡

アレンジ3 数でアレンジ！

ポニーテール×2本

妹系ラブかわツイン

左右の耳の上でふたつに結んだツインテールだよ。ポニーテールより甘〜くて、ちょっぴりラブリーな印象になるの♡

基本テク 2

スッとさせば、ピタッととまる

ピンどめ

正しいとめ方をマスターすればくずれにくくなるよ

ヘアピンで髪の毛をおさえて固定するテクニックだよ。「アメピン」を使う方法が基本で、前髪をピタッととめて落ちてこないようにしたり、毛束をとめてくずれないようにしたりするの。ほかのアレンジで使うことも多いテクニックだから正しいやり方を覚えよう。カラフルピンでとめれば、ピンどめだけでも一気にはなやかに♡

ピンどめのPOINT

一度にたくさんの毛をとめようとしないで

1本のヘアピンでたっぷりの毛をとめようとするのはNG。ヘアピンの先が開くほどの毛量だと、とめてもすぐに毛が抜けてくずれてしまうよ。

ヘアピンのサイズを使い分けよう

少量の毛をとめるときは、アメピンを小さくした「スモールピン」を使うとGOOD。髪が短くて、長いピンだと髪からピンがはみ出ちゃう子にもおすすめ！

ウェーブピンを使うと抜けにくくなる！

ピンが抜けがちな子は、「ウェーブピン」がおすすめ。波打つようなデザインだから、抜けにくいの！　ただし、うまくささないとピンが目立ちやすいよ。

やってみよう! 基本のピンどめ

いちばん基本の、前髪をピタッとタイトにとめるやり方を紹介! JSに人気の、パッチンピンでのとめ方も解説するよ。ねじった毛束をピンでとめる方法は、27ページをチェック!

これを用意しよう

ダッカール	コーム	アメピン
ピンどめしない毛をよけてとめておくのに使うよ。	ピンどめの前にコームで毛流れを整えると、キレイに仕上がるよ!	目立たせたくないときは、髪の色に近い黒や茶色のものを選ぼう。

1 まずは、ピンどめしないトップの毛をとり分けて、ダッカールでとめておいてね。

次のページへ

2 前髪をコームでとかして、とめる方向に流そう。とかさないと、前髪が浮いたりボサボサに見えたりして、仕上がりがイマイチに……。

3 ヘアピンの短いほうを上にして、親指と人さし指ではさんで持つよ。イラストのように、ピンを開いてね。

point

毛先のほうでとめすぎると、ピンが抜けやすくなるから注意しよう！

4 とめる毛を片手でおさえながらピンでとめよう。毛流れに対して垂直にさすとしっかりとまるよ。ピンの長いほうをおでこにそわせるようにしてね。

5 1でとめておいたトップの毛を下ろすよ。ピンを目立たせたくない場合は、ピンの上に毛をかぶせるようにするとGOOD！

パッチンピンでとめる

“パッチン”ととめる「パッチンピン」でキレイにとめる方法を紹介するよ！

1 パッチンピンを開いて、イラストのようにピンの根もとを持つよ。

2 髪を片手でおさえながら、とめる位置の髪をピンでしっかりはさんでね。

3 ピンの下を片手で支えながら、パッチンとピンをとじれば完成☆

ピンどめをアレンジしてみよう！

ヘアピンを何本か使って、ばってんや三角形、星などを形づくろう！ ピンでとめるだけで、一気にアレンジ上級者に♡

ばってん

ヘアピン2本をクロスさせて×をつくるアレンジ。簡単なのにかわいいの♡

三角形

ヘアピン3本で三角形をつくるアレンジは、簡単だけど個性的に決まるね♪

星

ヘアピン5本を使えば、星型をつくれるよ。ゴールドピンが相性ばつぐん☆

リボン

三角形を組み合わせれば、リボンのような形に！ ショートピンでつくろう。

雪の結晶

ヘアピン4本をクロスさせていくと、雪の結晶みたいなおしゃれな形になるよ。

ランダム

ヘアピンをランダムに、ざくざくさすアレンジ。こなれ感をGETできちゃうの。

3 基本テク

ぐるぐる、でおしゃれに♥

ねじる

毛束をねじるだけだから
ヘアアレ初心者にも◎

毛束をぐるぐるねじるテクニックだよ。みつあみやあみこみより難易度は低いけど、単に結んだりピンでとめたりするより、一気におしゃれ度をアップできるの♪　ねじった毛束は、合わせて結んでもいいし、ピンでとめてもOK。ピンで固定するときは、正しい位置にささないとくずれやすくなるから注意しよう。

ねじるときのPOINT

ねじる強さで雰囲気が変わるよ

きつくねじるときちんと感が出るし、ゆるめにねじると、ふんわりガーリーな雰囲気になるよ。なりたいイメージに合わせてねじる強さを変えてみよう！

ねじった毛束はしっかりとめよう

簡単なアレンジだけど、みつあみやあみこみよりくずれやすい一面も。もちろん、ピンやヘアゴムでしっかり固定すれば問題ないから安心してね☆

ねじった毛束をツイストしても◎

ねじった毛束2本をくるくるツイストする「ロープあみ」のアレンジもおすすめ！　みつあみとはちがった雰囲気になるから、ぜひ挑戦してみて。

ロープあみのやり方は133ページをチェック！

やってみよう！ 基本のねじる

ねじった毛束をピンでとめる基本のやり方を紹介するよ。大切なのは、ねじる方向と、ピンをさす位置！　いろいろなアレンジで使えるテクだから、正しい方法をしっかり覚えよう。

これを用意しよう

ダッカール
ねじる毛束以外をとめて、毛束がほかの毛と混ざらないようにするために使うよ。

ヘアピン
ねじった毛束をとめるのに使うよ。今回はアメピンを１本用意すればOK！

point
ピンの長いほうを地肌に押し当てるようにしながら、ねじった部分に対してまっすぐピンをさすとしっかりとまるよ。

1 耳の前と耳の上の長めの毛束をとり分けて、ダッカールで仮どめ。前髪のすぐ横の毛束は残しておいてね。

2 毛束の中間あたりから、ぐるぐるとねじっていくよ。ねじるときは地肌のほうに向かって内側にねじってね。３回くらいねじればOK。

3 ねじった部分を耳の後ろに押し当てながら、ピンをさしてとめるよ。ねじった部分と地肌側の髪をいっしょにとめるとくずれにくくなるの！

基本テク 4

くるっと返して上級っぽ！

くるりんぱ

毛束を「くるん」と返す簡単おしゃれテク♥

結んだ毛束を「くるん」と返してつくる“くるりんぱ”。簡単なのにこって見えるの☆　あみこみよりも簡単に存在感が出せるって大人気のテクニックなんだよ。ただし、単に「くるん」とするだけだと、おしゃれさは半減……。毛束をゆるめたり、ゴムをかくしたりするテクを覚えよう！　ちなみにくるりんぱは、「トプシーテール」とも呼ばれているよ。

くるりんぱのPOINT

地肌の近くで結びすぎないように

くるりんぱする毛束を地肌の近くで結びすぎると、うまく「くるん」と返せなくなるよ。根もとで結びすぎたときは、結び目を引っぱってずらしてもOK。

基本は外→内へ毛束を通すよ

くるりんぱの毛束は、外から内（地肌）に向かって通すのが基本。内側から外側に向かって通すのは、「逆りんぱ」というアレンジだよ（31ページ）。

くるりんぱをくり返すのもかわいい

くるりんぱのアレンジはいろいろ！　ふたつ以上つくったり、何度もくるりんぱをくり返したりすると、さらにかわいさがアップしちゃうかも☆

くるりんぱを重ねるアレンジは65ページへ！

やってみよう！ 基本のくるりんぱ

ひとつ結びした毛束を“くるりんぱ”する、ベーシックなアレンジを教えてもらお～！「くるん」としたあとに、毛束を引っぱったりゆるめたりするのが、かわいくなるポイント♡

これを用意しよう

ブラシ	ヘアゴム
最初に髪をひとつにまとめるときに使うよ。	髪全体をひとつにまとめるアレンジだから、リングゴムを用意！

1 髪をブラシでとかして片側に寄せ、耳の後ろあたりで結ぶよ。このとき、ゴムと地肌の間に少しだけスペースをあけて結ぶと◎。きつく結びすぎたときは、結び目のゴムを軽く引っぱって下にずらそう。

2 ゴムの上の部分に指を入れて、左右の毛の量が均等になるようにふたつに分けてね。

次のページへ

3 毛先を片手で持ち、2で開けた穴の中に利き手の親指と人さし指を入れるよ。毛先を迎える準備が完了！

4 毛束をすき間の中に入れて、3の親指と人さし指で内側に引き入れてね！

point
くるりんぱアレンジは、「くるん」のあとのテクで、グッとかわいさをアップできちゃうの♥

5 「くるん」とひっくり返ったところだよ。ゴムの上の部分の毛がねじれているのがわかるはず！

6 毛束をふたつに分けて両手で持ち、左右に軽く引っぱるよ。こうすることで、結び目がキュッと引きしまるし、ゴムをかくすことができるの！

7 ヘアゴムを片手でおさえながら、くるりんぱのふくらみの部分の毛を指で少しずつ引き出そう。ふっくらさせれば完成だよ☆

くるりんぱをアレンジしてみよう！

反対方向にくるん！

逆りんぱ

毛束を、内→外に向かって「くるん」とするテクニックだよ。外→内に通すくるりんぱの逆だから、"逆りんぱ"と呼ばれているの！ ボリュームを出したいときに使えるテクニックで、ポニーテールとも相性ばつぐんだよ♡

やってみよう！

1 髪全体を後頭部に集めてひとつに結ぶよ。くるりんぱと同じようにすき間をあけてね。

2 毛束を、内→外側に向かって通すよ。下から上に引き抜くようなイメージで！

3 毛束を均等にふたつに分けて、左右にキュッと引っぱるよ。形を整えたら完成☆

5 基本テク
∞のアレンジが叶う！
みつあみ

王道のみつあみは
やっぱりかわいい♥

３つの束を順番にあんでいく「みつあみ」は、ヘアアレンジの王道テクニックだよね！　あむ順番さえまちがえなければ、キレイにみつあみできるから、正しいやり方を覚えてサクッとマスターしちゃおう☆　みつあみする位置や数、あみ目のゆるめ方をアレンジすれば、ガラッと雰囲気を変えることができるよ！

みつあみのPOINT

ゆるめずにしっかりあもう

ゆるいシルエットのみつあみは、あみ終えたあとに、あみ目を指でほぐすのが正しいやり方。はじめからゆるくあむと、くずれやすくなってしまうよ！

毛束は均等に３つに分けよう

３つに分ける毛束の太さがちがうと、あみ目がバラバラになっちゃうよ。あえてバラバラに見せるアレンジもあるけど、まずはキレイなみつあみをめざそう。

表あみと裏あみの２種類がある！

みつあみには、毛束を上から重ねる「表みつあみ」と、下からくぐらせる「裏みつあみ」があるの。まずは、ベーシックな「表みつあみ」を覚えよう！

裏あみのやり方は
35ページをチェックしよう！

やってみよう! 基本のみつあみ

耳下で2本みつあみをつくる、王道の「おさげヘア」を練習してみよう！　あみ目は外→中央へ重ねていくのが基本。まちがわないように、鏡を見ながらていねいにあんでいってね。

これを用意しよう

ブラシ	ヘアゴム
ヘアアレンジをはじめる前に、ブラシをかけて毛の流れを整えよう。	毛先のそばを結ぶから、細めのシリコンゴムが目立ちにくくて◎。

1 ブラシをかけて毛流れを整えたら、髪全体を後頭部でふたつに分けよう。みつあみしにくい場合は、あまないほうの毛束をダッカールでとめておいてもOK。

次のページへ

2 まずは左から、片側ずつあんでいくよ。指を入れて、3つの均等な太さの毛束に分けてね。手前Ⓐを右手で、ⒸとⒷを左手で持とう。

3 Ⓐの毛束をⒷの上に重ねて、左手に持ちかえるよ。Ⓑの毛束は、右手で持ってね。

4 Ⓒの毛束をⒶの上に重ねよう。ⒷとⒸの毛束は右手で、Ⓐの毛束は左手で持ってね。

point
あみ目がゆるまないように、あむたびにキュッと引きしめてね！

5 次はⒷの毛束をⒸの上に重ねるよ。左右交互に中央の毛束に重ねていく……をくり返してね。

6 毛先まで左右交互にあむのをくり返すよ。毛先まで約３～4㎝のところまであんでいってね。

7 毛先まであめたら、シリコンゴムで結んで完成！　ゴムの色は、髪色に近いものを選ぶと、結び目が目立たなくなるよ。

みつあみの＋1テク

王道アレンジのみつあみを、＋１テクニックでおしゃれに味つけ！　２つのテクをぜひマスターしよう☆

テク 1 ゆるめるとおしゃれ度UP♥

きっちりあむとかしこ見せが叶うけど、ちょっぴりマジメに見えちゃうもの。おしゃれな雰囲気にしたい場合は、あみ目をゆるめてふんわりとしたシルエットにするのがおすすめ！　ガーリーな印象になるよ♡

みつあみして、ゴムで結んでね。結び目に近いほうのあみ目からスタートするよ。ゴムを片手でおさえながら、あみ目を指でつまんで……。

毛束を真横に引っぱって、あみ目をゆるめていこう。あみ目を平らに広げるようなイメージをもつと◎。左右交互に、根もとまでゆるめていこう。

テク 2 下からくぐらせてもOKだよ！

表みつあみをマスターしたら、下からくぐらせる裏みつあみに挑戦してみよう。あみこみの「裏あみこみ（41ページ）」ほどの差は出ないけど、あみ目が浮き出て少し立体的に見えるの☆

やり方は「表みつあみ」とほぼ同じ。毛束を中央へ移動するときに、上から重ねるのではなく、下からくぐらせるだけだよ☆

point

裏みつあみのほうがあみやすい……という子もいるみたいだよ！

みつあみをアレンジしてみよう！

魚の骨みたいな⁉

フィッシュボーン

フィッシュボーンは、両側から毛束を交互に重ねるあみ方で、あみ目が魚の骨のように仕上がるの！　みつあみとは雰囲気が変わるから、ちょっぴり個性的なアレンジをやってみたい子は、ぜひ挑戦してみて♪　難しく見えるけど、やってみると意外と簡単だよ！

やってみよう！

1 髪全体を片側に寄せて、前後ふたつの束に分けるよ。

2 手前のほうの毛束の外側から、毛束Ⓐを分けとり、Ⓑの上に重ねて後頭部側の毛といっしょに持つよ。Ⓐは下のほうへしっかり引いてね。

次のページへ

3 後頭部のほうの毛束の外側から、毛束Ⓓを分けとって、Ⓐの上に重ねてⒷの毛束といっしょにするよ。ⒷとⒹの毛束をキュッと引っぱって、あみ目を引きしめてね。

4 2〜3をくり返すよ。あんでいるうちに、あみ目がゆるみがちなので、毛束を左右に引いて、あみ目を引きしめながらあんでいこう。

5 毛先から3〜5㎝くらいのところまであんでね。

6 最後に毛先をゴムで結べば完成だよ！　キレイにあめているか、鏡で仕上がりを確認しよう。

6 基本テク

難易度高のあこがれテク♥

あみこみ

あみこみができれば
ヘアアレ上手の仲間入り!?

みつあみができるようになったら、次はあこがれヘアNo.1のあみこみに挑戦してみよう！ ちょっぴり難しく見えるかもしれないけど、手順をしっかり覚えればキレイにあめるはず☆　まずは基本の「表あみこみ」から練習しよう。表あみこみができるようになったら、41ページで紹介する「裏あみこみ」にもぜひチャレンジしてみてね♪

あみこみのPOINT

あむ順番をまちがえないように！

あみこみは、あむ順番さえまちがえなければ難しいテクじゃないよ。最初はおうちの人に、正しい手順であめているか確認してもらうといいかも！

ゆるまないようにきっちりあもう！

みつあみと同じで、ゆるくあんでしまうと、あみ目がキレイに見えなくなるよ。ひとあみずつていねいに、きちんとあむことを心がけよう！

みつあみと組み合わせても♥

あみこみは、地肌があるところまであむもの。髪が長い子は、あみこみ→みつあみのコンボ技がおすすめ♡　絶対かわいくなるから、ぜひ挑戦してね♪

あみこみ×みつあみのヘアアレは136ページで紹介！

やってみよう! 基本のあみこみ

あみこみは、これまでのアレンジとくらべると少し手順が複雑だよ。まずはあむ順番をしっかり覚えてから、実際に手を動かしてみてね。基本の「表あみこみ」からはじめるよ〜っ!

point

あみこむ毛束は、3つに均等に分けるとあみ目がキレイに仕上がるよ!

これを用意しよう

ヘアピン

あみこみした毛束を固定するのに使うよ。抜けにくいアメピンが◎。

1 耳より上の毛をとり分けたら、3つの束にして両手で持ってね。左手でⒶの毛束を、右手でⒷとⒸの毛束を持ったところ。

2 1回みつあみしてね。Ⓐの毛束をⒷの上へ、Ⓒの毛束をⒶの上へ重ねるよ。

3 いよいよあみこみスタート! Ⓑの毛束の横から、少し毛束をすくってね。すくったⒹの毛束は、Ⓑと合わせて持つよ。

次のページへ

4 3で合わせた毛束を、Ⓒの上に重ねて中央に持ってこよう！キュッとあみ目を引きしめてね。

5 手前（いちばん顔側）にある毛束Ⓐの横から、少し毛束をすくうよ。すくった毛束Ⓔを Ⓐと合わせてひとつにしてね。

6 5で合わせた毛束を、中央へ持ってこよう！　左右交互に、3～5を、顔まわりと耳の後ろ側からすくう髪がなくなるまでくり返してね。

7 すくう髪がなくなったら、耳の上あたりでピンでとめよう。これであみこみの完成だよ！

あみこみをアレンジしてみよう!

あみ目がもーっと目立つ!

裏あみこみ

「表あみこみ」とは逆に、毛束を中央に持ってくるときに、下から"くぐらせる"のが裏あみこみ☆表あみこみよりも、あみ目が立体的になって、ぽこぽこ目立つの♪　このイラストのヘアアレンジは、裏あみこみとひとつ結びを組み合わせたものだよ。

やってみよう!

1 トップの毛をすくって、1回「裏みつあみ」するよ。Ⓐの毛をⒷ下から中央へ、次にⒸの毛をⒶの下から中央へくぐらせて持ってきてね。

2 Ⓑの毛束と、横にあるⒹの毛束を合わせて持ち、Ⓒの毛束の下をくぐらせて中央に持ってこよう!

3 左右交互に、下からくぐらせながら、裏あみこみしていくよ。すくう髪がなくなったら、髪全体をひとつにまとめて、裏あみこみした毛束もいっしょにひとつ結びしよう。

7 基本テク

くるっとまとめて、はいかわいい♥

おだんご

インパクト大な
まあるいおだんごに挑戦！

髪の毛をまあるくしてつくる「おだんご」は、ＪＳにも大人気のアレンジだよ☆　じつはおだんごのやり方には、いくつか種類があるの。まずは、いちばん簡単なテクをマスターしよう！

ねじってつくるおだんごは55ページ、ソックバンを使うおだんごは144ページ……などなど、ほかのページも合わせてチェック♪

やってみよう！ 基本のおだんご

いちばん簡単なやり方からマスターしよう！　簡単だから、これならわたしにもできそうだよ〜☆

次のページへ

1　髪をひとつにまとめて、後頭部の高めの位置で結んでいくよ。最後まで結びきらずに2に進んでね。

ヘアゴム
髪全体をまとめられる、太めのリングゴムを用意しよう。

アメピン
おだんごをとめるのに、4本以上は用意してね。

2 最後の1回は、毛束にゴムを通しきらないで！ 途中でゴムをとめて、おだんごをつくろう。

3 おだんごを前後左右から軽く引っぱって、形をまあるく整えてね。

4 たらした毛をねじりながら、ゴムにぐるぐると巻きつけていくよ。毛先まできちんと巻いてね。

5 巻き終わったら、毛先をおさえながら、アメピンを何本か使って固定しよう。根もとの髪と地肌側の髪をいっしょにとめて、くずれないように！

ヘアアクセカタログ

ヘアアレをもっとおしゃれ&かわいくしたいなら、ヘアアクセを使ってもいいかも!
代表的なヘアアクセを紹介するよ☆

ギュッと結ぶ
ゴム系アクセ

シュシュ

ドーナツ状の布にゴムを通したもの。くしゅくしゅとした質感が特徴だよ。

パイル地ゴム

タオルのようなやわらかい生地でできたヘアゴムのことだよ。

飾りゴム

リングゴムにモチーフがついたもの。リングゴムの代わりとしても使えるよ。

頭にセットする
ヘッドアクセ

カチューシャ

頭につけて髪をおさえるヘアアクセ。弓の"弧"の部分の形をしているよ。

ヘアターバン

布製、またはゴム製などのヘアアクセで、丸い形をしているよ。「ヘアバンド」ともいうの。

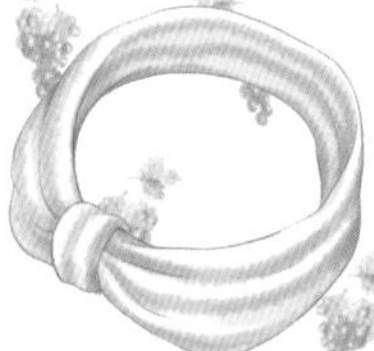

カチューム

カチューシャの先どうしがゴムで結ばれたもの。「カチューシャ+ゴム」が名前の由来だよ。

はさむ

パチンとはさんで髪をとめる

飾りピン

その名の通り、飾りモチーフがついているピン。アメピンの形のものが多いよ。

バナナクリップ

パカッと左右に開くタイプのヘアアクセ。「毛束をはさむ→とめ具をひねる」の流れで使用するよ。

バレッタ

プラスチックや布の飾りやモチーフに、金属製のとめ金の土台がついたヘアアクセ。ハーフアップなどと相性◎。

バンスクリップ

真ん中にちょうつがいがついた髪どめのこと。毛束を横につかんで、はさむようにしてとめるよ。

くちばしクリップ

鳥のくちばしのような形をしたクリップ。この本では、くちばしクリップの中で、髪を仮どめするのに使うものを「ダッカール」と呼ぶよ。

おまけ

かぶる

ヘアアレをさらに
かわいくする帽子たち

カンカン帽

ストロー素材（麦わらであんだもの）でつくられているよ。とくに夏にイチオシの帽子だよ☆

キャップ

前につばがついている帽子のことだよ。カジュアルからポップまで、どんなテイストにも似合うの♡

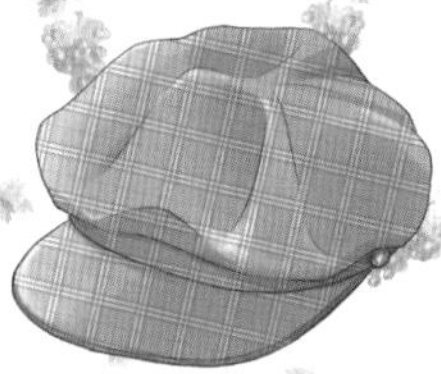

キャスケット

頭部が大きく、前に短いつばがついた帽子のことだよ。カジュアルなコーデやレトロなコーデにマッチ☆

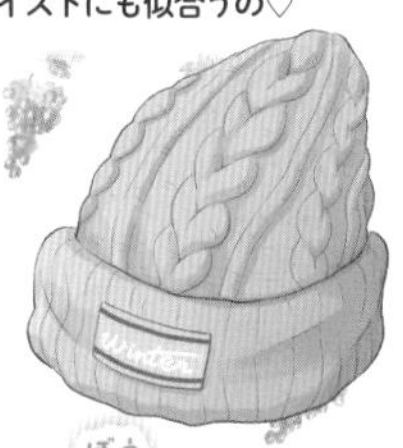

ニット帽

毛糸であまれた帽子で、秋〜冬の時期におすすめ。色や柄によって、カジュアルにもクールにもなるよ♪

ベレー帽

やわらかい素材でできている、丸くて平らな帽子のことだよ。ガーリーにもカジュアルにも合うの☆

ボーラーハット

トップの部分が丸くなっていて、つばが上がっている帽子。かぶるとかっちり＆大人っぽい雰囲気になるの。

Lesson 2

長さ×テイスト別！1週間アレンジ

基本テクを覚えたけど
どんなヘアアレンジに
すればいいか迷うな～
なりたいイメージや
テイストに合わせて
考えるのはどう？
ていすと？

たとえば…

ふんわりガーリー

ハピネスポップ

姉っぽリッチ

スクールカジュアル

わ〜かわいいっ！

ハピネスポップが好きかもっ♪
こんな感じかなっ！気に入ったテイストはあった？

髪の長さ × テイスト をチェック!

STEP1 あなたの髪の長さは？

毛先が肩くらいまで

ショートヘア

髪を下ろしたとき、毛先が肩くらいまでの長さを、ここでは「ショートヘア」とまとめるよ。

毛先が鎖骨までの長さ

ミディアムヘア

髪を下ろしたときに毛先が鎖骨くらいまでの長さを「ミディアムヘア」というよ。

毛先が鎖骨より長い

ロングヘア

髪を下ろしたとき、毛先が鎖骨より長く胸あたりまでの長さを「ロングヘア」というよ。

STEP2 あなたの好みのテイストは？

次の４つのうち、☑がいちばん多くついたタイプが、
あなたのお気に入りテイストの可能性大！

タイプ1

- □ パステルカラーが好き♥
- □ フリルやレースにときめく！
- □ 女の子っぽいと言われるとうれしい♪

あてはまるものが多い子は

ふんわりガーリー

タイプ2

- □ ビビッドカラーが好き！
- □ 星柄や水玉柄がかわいいと思う★
- □ 元気だねって言われるとうれしい♪

あてはまるものが多い子は

ハピネスポップ

タイプ3

- □ 黒や紫色の小物が好き♥
- □ タイトなシルエットの服が好み！
- □ 大人っぽいと言われるとうれしい★

あてはまるものが多い子は

姉っぽリッチ

タイプ4

- □ デニムアイテムが好き！
- □ 服は動きやすさを重視する★
- □ 学校の校則が厳しめ…

あてはまるものが多い子は

スクールカジュアル

Lesson 2では、長さ×テイスト別に、84のアレンジを紹介しちゃうよ★
まずは、自分の髪の長さと、お似合いテイストをチェックしてみよう！

長さ×テイスト別！ 1週間アレンジ

登場するのはこの4テイスト

ふんわりガーリー

パステルカラーやフリル、レースが好きな子にぴったりの、甘くてキュートなアレンジ♥

52ページから START!

姉っぽリッチ

ふだんから、「カッコいい！」「大人っぽい！」ってほめられる子にぴったりのアレンジだよ！

106ページから START!

ハピネスポップ

ビビッドカラーやハデな柄が大好きという子にぴったりの、元気でハッピーなアレンジ★

76ページから START!

スクールカジュアル

ナチュラル＆ラフな雰囲気が好きな子にイチオシのアレンジ！校則が厳しい子にもおすすめ。

130ページから START!

〜HAIR♥ARRANGEMENT〜

ロングヘア × ふんわりガーリー

髪(かみ)の長(なが)さが鎖骨(さこつ)より長(なが)い

ロングヘア × ふんわりガーリー の POINT

1. キュートに見(み)えるハーフアップが多(おお)めだよ♥
2. カチューシャやリボンなどのアイテムでかわいさUP(アップ)!
3. 顔(かお)まわりの後(おく)れ毛(げ)を残(のこ)すとふわふわ感(かん)が出(で)る★

1週間(しゅうかん)ヘアアレ

53ページ 54ページ 55ページ 56ページ 57ページ 58ページ 59ページ

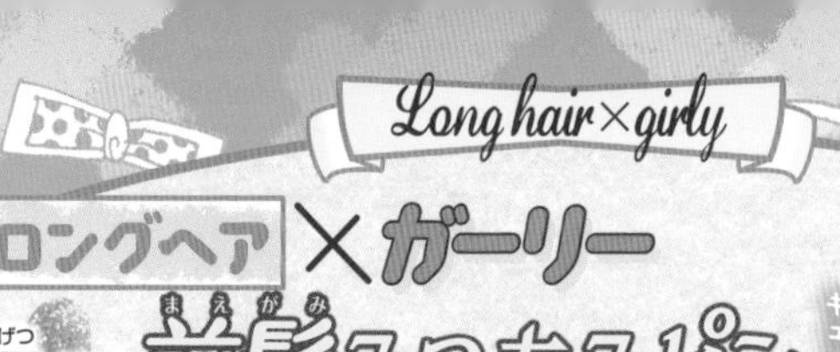

ロングヘア×ガーリー

月曜日 前髪みつあみピン

みつあみの魔法でキュートさもドドン♡

用意するもの

ヘアゴム
細めのシリコンゴムを1本用意してね。

アメピン
1本用意すればOKだよ。

カチューシャ
最後にセットするとかわいく決まるの♡

1 前髪をななめに流してみつあみにするよ。毛先まであんで、ゴムで結んで。

2 結び目をおさえながら、あみ目をゆるめよう。

3 みつあみを耳の上あたりでピンでとめよう。

4 後れ毛を残して、サイドの髪を耳にかけてね。

5 最後に、カチューシャをセット！　みつあみがくずれないように気をつけて。

ロングヘア×ガーリー

火曜日 ねじりMIXポニー

前髪をねじってサイドテールを味つけ♡

用意するもの

コーム
髪をキレイにとり分けるのに使うよ。

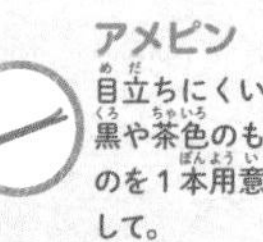

アメピン
目立ちにくい黒や茶色のものを１本用意して。

ヘアゴム
髪全体をまとめるから、太めのリングゴムが◎。

1
トップの毛をとり分けるよ。コームを使ってキレイに分けてね。

2
トップの毛を８：２に分け、多いほうをぐるぐるねじって、耳の上でピンでとめて。

3
髪全体をひとつにまとめるよ。ピンでとめた側に寄せて集めて。

4
3の毛束を、ヘアゴムでまとめてひとつに。

5
4の結び目をおさえながら、トップの毛を真上に引っぱって、ボリュームを出そう！

ロングヘア×ガーリー

水曜日 ヒツジ風おだんご

ツインおだんごでヒツジっぽいでしょ★

用意するもの

ヘアゴム
黒か茶色のシリコンゴムを2本用意してね。

アメピン
おだんごをとめるのに使うよ。4本以上用意しよう。

1
髪全体を後頭部でふたつに分け、耳上のやや後ろよりでツインテールにするよ。

2
結んだ毛束を、毛先までぐるぐるねじってね。

3
2の毛束を、ゴムに巻きつけていくよ。大きくなりすぎないように、平らに巻いて。

4
おだんごにピンをさしてしっかり固定し、形を整えよう。反対側も同じようにおだんごをつくってね☆

ロングヘア×ガーリー

木曜日 くるりんハーフツイン

くるりんぱのワザで
ハーフツインもおしゃれに

用意するもの

ヘアゴム
2本用意してね。カラーゴムや、飾りゴムを選んでもかわいいアレンジだよ♡

1 トップの毛をセンターで分けて、耳上でゴムで結ぶよ。

2 1の結び目の上に指ですき間をあけ、毛束を上から通してくるりんぱ！

3 2の毛束をふたつに分け、左右に引っぱってすき間をなくそう。

4 反対側も1〜4を同じようにして。左右のバランスを整えたら完成だよ♪

Long hair×girly

ロングヘア×ガーリー

金曜日 コサージュ風ヘア

用意するもの

ヘアゴム
目立ちにくい、黒か茶色のシリコンゴムを2本用意しよう。

アメピン
黒か茶色のアメピンを、5本以上使うよ。

1
右サイドの耳より前の毛をみつあみし、毛先をゴムで結ぶよ。

2
左サイドは、右側より多めの毛をとり分けてみつあみに。毛先をわっかにしてゴムで結び、あみ目をゆるめよう。

3
1のみつあみを、後頭部を通して左側へ持っていき、毛先をヘアピンでとめて固定。

4
2のみつあみの毛先を持って丸めていくよ。3でとめたピンの手前あたりで丸めてね。

5
みつあみがうずを巻き、お花のような形になったら、ピンをさして固定しよう！

ロングヘア×ガーリー

土曜日 ぽこぽこリボンMIX

サイドテールにラブリーなリボンを…

用意するもの

ヘアゴム

リボンと近い色のヘアゴムを、3本用意しよう。リングゴムでもシリコンゴムでもOK。

リボン

好きな色のリボンを用意。髪の長さに合わせて、長さを調節してね☆

髪全体をひとつにまとめて片側に寄せ、耳より5㎝くらい高い位置でひとつに結ぶよ。

さらに、1の毛束を等間隔で2か所結ぼう。

リボンを、まずは毛先に近いゴムに巻きつけて。一度クロスさせて×をつくったら、2の上のゴムに巻きつけて。さらにクロスさせたら、1の結び目に巻きつけてリボン結びするよ。

リボンの間から髪を引き出そう。1と2のゴムの部分を片手でおさえながら、少しずつ引き出すのがコツ！

ロングヘア×ガーリー

日曜日 みつあみカチューシャ

用意するもの

ダッカール
髪をとり分けておくのに使うよ。

ヘアゴム
細めのシリコンゴムを2本用意するよ。

アメピン
黒か茶色のピンを、3本以上用意しよう。

1
トップの毛をセンターで分けるよ。片側はダッカールでとめておいてね。

2
1で分けた毛をさらに3つの束に分け、毛先までみつあみしてゴムで結ぶよ。反対側も同じように。

3
2のみつあみの毛先を、それぞれ反対側の耳に持っていってね。耳の後ろでピンでとめるよ。

4
最後に、みつあみの真ん中あたりを2本合わせて、地肌の髪にピンどめ！　あみ目が浮きにくくなるの☆

〜HAIR ♥ ARRANGEMENT〜

ミディアムヘア × ふんわりガーリー

髪の長さが鎖骨くらい

ミディアムヘア × ふんわりガーリー の POINT

1. みつあみはかわいく見せるアレンジのテッパン！
2. まとめ髪はツインテールでキュートに♪
3. お休みの日は「たてロール」にチャレンジ!?

1週間ヘアアレ

月	火	水	木	金	土	日
61ページ	62ページ	63ページ	64ページ	65ページ	66ページ	67ページ

Medium hair × girly

Lesson 2

ミディアムヘア × ガーリー

月曜日 サイドあみローポニー

用意するもの

ダッカール
毛束をとり分けておくのに使うよ。

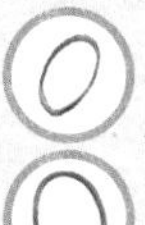

ヘアゴム
黒や茶色のシリコンゴムを2本と、リングゴムを1本用意。

左右のあみ目がこなれ感を演出する☆

1 耳より前の毛と耳の後ろの髪を分けて、ダッカールでとめておくよ。反対側も同じように。

2 1の耳より前の毛を、きっちりみつあみ。毛先をシリコンゴムで結んでね。

3 2のみつあみのあみ目を、指で引っぱってゆるめるよ。

4 反対側も同じようにみつあみにしてね。みつあみの高さやゴムの位置は左右そろえるとキレイに見える！

5 みつあみを左右とも耳にかけるよ。最後に、髪全体をひとつにまとめて、低めの位置でリングゴムで結ぶよ。

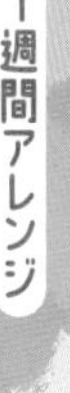

ミディアムヘア×ガーリー

火曜日 くるり×みつあみハーフ

くるりんぱとみつあみで
おどろきのかわいさに

用意するもの

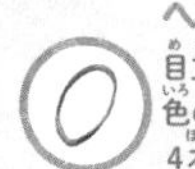

ヘアゴム
目立ちにくい黒か茶色のシリコンゴムを4本用意！

リボン
細めのリボンがあるとかわいいよ♡ 黒色ならクラシカルに。

1 耳より上の毛をとり分けて、高めの位置で結んでね。

2 1の結び目の上にすき間をあけて、上から下にくるりんぱ！

3

毛束を左右に引っぱって、結び目を引きしめてね。くるりんぱ部分の毛を引き出してふんわりさせるよ。

4 くるりんぱした毛束を今度はみつあみしていくよ。毛先まであんでゴムで結ぼう。

5

1の結び目の上にリボンを巻きつけ、リボン結び！ 反対側も同じようにすれば完成だよ。

Medium hair×girly

ミディアムヘア ×ガーリー

水曜日 あみこみつあみリング

3つのテクでつくる上級向けヘアアレンジ！

用意するもの

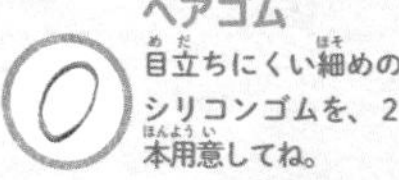

ヘアゴム
目立ちにくい細めのシリコンゴムを、2本用意してね。

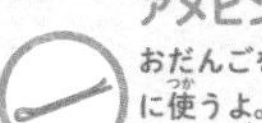

アメピン
おだんごをとめるのに使うよ。4本くらいあればOK。

1 髪全体を後頭部でふたつに分けるよ。

2 まずは片側から。耳下まであみこみしていってね。

3 あみこみした残りの髪をみつあみして、毛先をゴムで結ぼう。反対側も同じように。

4 結び目をおさえながらあみ目をゆるめて、ボリュームを出してね。

5 みつあみを折りたたんで、毛先を耳下に持っていくよ。毛先をピンで固定すれば完成だよ☆

ミディアムヘア×ガーリー

木曜日 ふわふわおだんご

ちょこんとおだんごでヤンチャなかわいさをアピ

用意するもの

ヘアゴム
黒か茶色のヘアゴムを1本用意。細いシリコンゴムでOK！

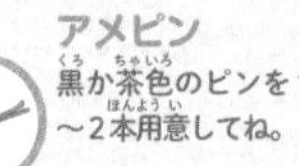

アメピン
黒か茶色のピンを1～2本用意してね。

1 耳より上の毛をざっくりとり分けるよ。

2 後頭部の高い位置で結んでいくけど、最後の1回は結びきらずにおだんごにしてね。

3 毛先はゴムにくるくる巻きつけて……。

4 ピンで1～2か所とめて固定するよ。

5 おだんごを指でルーズにほぐして形を整えたらできあがり☆

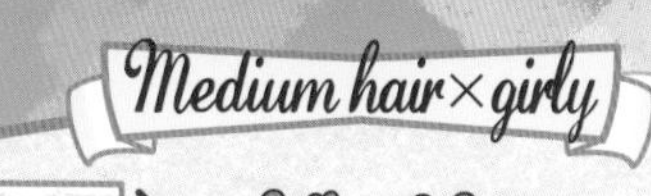

Lesson 2

長さ×テイスト別！ 1週間アレンジ

ミディアムヘア×ガーリー

金曜日 くるりん重ねツイン

2回のくるりんぱで簡単なのにこって見える

用意するもの

ヘアゴム

あまり目立たない黒か茶色のシリコンゴムを4本用意してね！

1 髪全体を後頭部でふたつに分けるよ。

2 まずは片側から。耳上の毛をとり分けてゴムで結ぶよ。

3 2の結び目の上にすき間をあけ、毛束を上から通してくるりんぱ！ すき間がなくなるように引きしめてね。

4 結んでいない毛をふたつに分け、3の毛束の上に重ねてゴムで結んでね。

5 4の毛束を上から下にくるりんぱ！ 反対側も2～5を同じようにすれば完成だよ♪

Medium hair×girly

ミディアムヘア×ガーリー

土曜日 たてロール風ツイン

プリンセスみたいなたてロールをつくろう♡

ヘアゴム
好きな色のゴムを2本用意して。

水
きりふきボトルに入れて用意しよう。

アルミホイル
たてロールをつくるのに使うよ。

ドライヤー
髪にクセをつけるのに使うよ。

1 髪全体を後頭部でふたつに分け、やや中央に寄せてふたつ結びにするよ。

2 1の毛束に水を吹きかけてぬらしてね。

3 髪より長めに切ったアルミホイルを髪の下にしき……。

4 毛束をアルミホイルで包んでにぎり、細長くするよ。

5 3のアルミホイルをイラストのようにくるくるツイストしていって……。

6 アルミホイルの上からドライヤーで温風を当てよう。アルミホイルを外すと、たてロールができているよ♡ 反対側も同じように。

Lesson 2

ミディアムヘア×ガーリー

日曜日 ボリュームリボン

髪の毛でつくれる大き目リボンにきゅん

用意するもの

ヘアゴム
目立ちにくい色のシリコンゴムを１本用意してね。

アメピン
目立ちにくい黒や茶色のピンを３本以上用意しよう！

1 トップの髪をとり分けるよ。とり分ける髪が多いほど、リボンが大きくなるの。

2 リボンをつくりたい位置でおだんごにして結んで。今回は、少し右に寄せてみたよ。

3 2のおだんごを半分に分けるよ。

4 3でふたつに分けたおだんごの間を通すように、毛先を前から後ろ側に持っていこう。毛先は見えないように後ろ側でピンでとめておいてね。

5 形を整えたらリボンの輪の“内側”に、たてにピンを入れよう。リボンの根もともピンでとめてね♡

〜HAIR ♥ ARRANGEMENT〜

ショートヘア × ふんわりガーリー

毛先(けさき)が肩(かた)くらいまで

ショートヘア × ふんわりガーリー の POINT

1. 毛先(けさき)をくしゅくしゅさせるとGOOD(グッド)!
2. リボンモチーフのヘアアクセでかわいさUP(アップ)!
3. ねこ耳(みみ)&ツインおだんごでキャラっぽく♪

1週間(しゅうかん)ヘアアレ

69ページ

71ページ

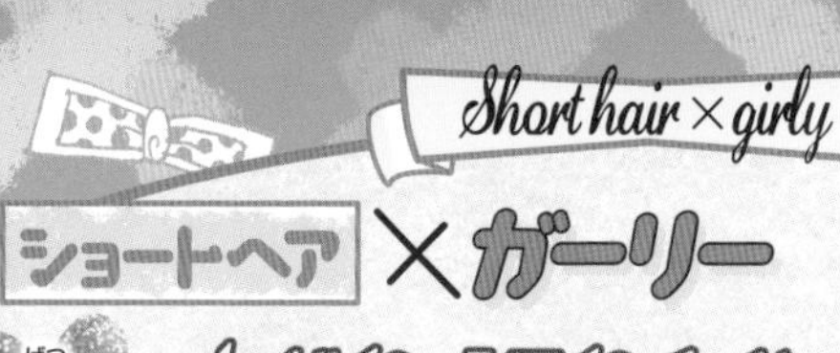

ショートヘア×ガーリー

月曜日 ねじりくるりんハーフ

ねじり+くるりんぱでおしゃれに見える★

用意するもの

ダッカール
ねじった毛束を仮どめするのに使うよ。

ヘアゴム
細いシリコンゴムを1本用意してね。

1 耳より前の毛をとり分けるよ。毛先までねじってね。後頭部でダッカールを使ってとめておこう。

2 反対側も同じようにしてねじねじ。後頭部で1とあわせて、ゴムで結ぶよ。

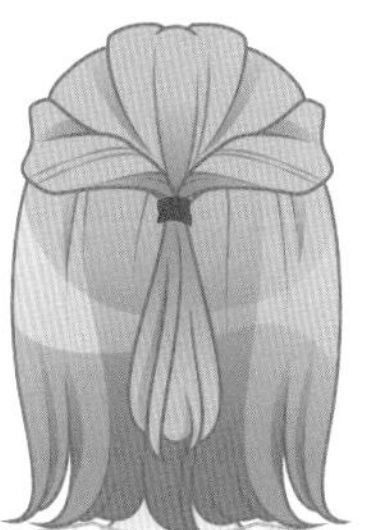

3 2の結び目を使って、上から下に毛束を通してくるりんぱしよう！

3 ねじる×くるりんぱした毛束を指でゆるめて、ルーズにするよ。

4 トップの髪を上に少し引き出して、ボリュームを出すとさらにおしゃれに見えるの♡

火曜日 あみこみルーズハーフ

ルーズにあむのがおしゃれに見せるコツ♡

用意するもの

ワックス
髪全体にもみこむことで、毛先にニュアンスが出るの♡

カラーピン
好きな色のアメピンを2本以上用意してね！

1

手のひらにワックスを広げたら、毛先を中心に髪全体にもみこんでいくよ。

トップの毛を8：2くらいに分けよう。多いほうの髪をあみこんでいくよ。

あみ目が幅広になるように、ざっくりあむのがポイント！

2〜3回あめたら、カラーピンで固定するよ。ピンをクロスさせてとめるとかわいい♡

Short hair × girly

ショートヘア×ガーリー

水曜日 ねこ耳ピンアレンジ

ピンがあればねこ耳がつくれるニャン♡

用意するもの

ヘアピン
好きな色のカラーピンを用意してね。6本くらい用意するとかわいい☆

1
まずは片側から。トップの毛をとり分け、後ろに引っぱるようにしながら上向きにきつくねじって。

ねじった部分をピンで固定するよ。少し前に押し出すようにすると、正面から見たときに立体感が出るの♡

2のピンをおさえながら、ねこ耳になる部分の毛を引き出して、形を整えよう。

後ろ側の毛先は、ピンを何本かランダムにとめるとかわいいよ♡

5
反対側も同じようにねこ耳をつくったら完成♪

ショートヘア × ガーリー

木曜日 くるりん"わ"結び

バックスタイルがかわいすぎるアレンジ

用意するもの

ヘアゴム
黒か茶色のシリコンゴムを、1本用意しよう。

バレッタ
お気に入りのバレッタを使おう！ 大きめのものが◎。

1 耳より上の毛をとり分けるよ。後頭部でまとめて、やや左側に寄せて結んでいくよ。

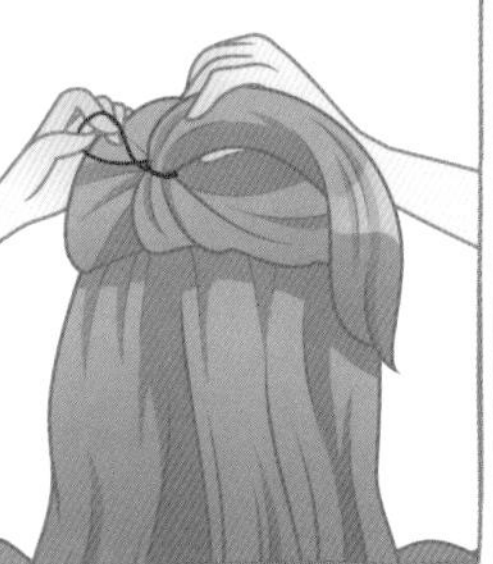

2 最後の1回は、まず毛束をねじって右側に持っていき……。

3 毛束を左に向かって抜くよ。毛先を通しきらずにわっかにしたら、おだんご部分が下になるように結んで。

4 おだんごができたよ。毛先が上方向にいっていればOK。

5 おだんごの形を丸く整えてね。

6 おだんごのななめ上あたりにバレッタをつければ完成だよ☆

Short hair × girly

ショートヘア × ガーリー

金曜日 カチューシャふんわりボブ

まとめ髪にしたみたいなお嬢さま感がツボ♪

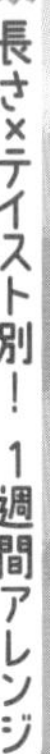

用意するもの

カチューシャ
お気に入りのカチューシャを用意しよう。

ダッカール
とり分けた髪を固定するのに使うよ。

アメピン
目立ちにくい黒や茶色のものを10本くらい用意。

最初にカチューシャをセットするよ。

耳より上の毛をとり分けて、ダッカールで仮どめしておいてね。

えり足の毛束をとり、毛先をねじるよ。ねじった部分を内側に入れ、ピンでとめて。えり足の毛全体を6〜8つに分けるイメージで、すべてとめよう。

とり分けておいたトップの毛を下ろすよ。サイドの長い毛は、3と同じように毛先を内側に入れてとめよう。

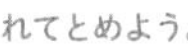

ショートヘア × ガーリー

土曜日 みつあみリボンMIX

リボンといっしょにあめば
ガーリー度急上昇♪

用意するもの

リボン
好きな色のリボンを用意しよう！

ヘアゴム
細いシリコンゴムが1本あればOK。

片側の、耳より上の毛をとり分けるよ。顔の横の後れ毛は残しておいてね。

1の毛束をさらに3つに分けるよ。このとき、中央の毛束は少しだけ毛の量を少なめにしておこう。

2の3つの毛束のうち、中央の毛束の根もとに、リボンを巻きつけてかた結びにしてね。真ん中の毛束とリボンはまとめて持つよ。

2で分けた3つの毛束をリボンごとみつあみしていくよ。毛先まであめたら、ゴムで結び、上からリボンを巻いてね。

Short hair × girly

ショートヘア × ガーリー

日曜日 くしゅ②ツインおだんご

ふわふわのWおだんごで
おしゃまガールに変身！

用意するもの

ヘアゴム
目立ちにくい色のシリコンゴムを２本用意してね。

アメピン
おだんごを固定するのに使うよ。黒か茶色のピンを２本以上用意。

耳より上の毛をセンターで分け、それぞれ高めの位置で結んでね。

髪を指で何度かさくと、根もとにボリュームが出るの！もっとふわふわにしたいなら、コームを使って逆毛をたてて。

結び目に毛を巻きつけるようにしながら、おだんごをつくるよ。毛のふわふわ感をつぶさないようにしてね。

毛先をピンでとめれば完成だよ。おだんごの形を整えよう。反対側も同じように。ゴールドピンやヘアアクセをつけてもかわいいよ！

〜 HAIR ♥ ARRANGEMENT 〜

ロングヘア × ハピネスポップ

髪の長さが鎖骨より長い

ロングヘア × ハピネスポップ の POINT

❶ カラーゴムを使ってカラフルにしちゃお！
❷ 高めで結ぶと元気なイメージに♪
❸ 飾りゴムやカチューシャでさらにかわいく！

1週間ヘアアレ

月	火	水	木	金	土	日
77ページ	78ページ	79ページ	80ページ	81ページ	82ページ	83ページ

ロングヘア×ポップ

月曜日 ぽこぽこ★おさげ

カラフルゴムで元気いっぱいのスタート！

用意するもの

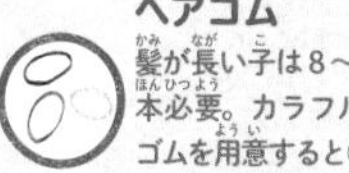

ヘアゴム
髪が長い子は8～10本必要。カラフルなゴムを用意すると◎。

飾りゴム
結び目に飾りがついたゴムをつけると、さらにかわいい♪

1
髪全体を後頭部でふたつに分けてね。耳の下あたりでゴムで結ぶよ。

2
結び目から3～5㎝くらいあけたところを結ぶよ。等間隔で、毛先まで結んでいってね。

3
結んだら、毛束を指でつまんで、まあるくふくらませよう！　玉ねぎみたいな形になればOK！

4
反対側も、2～3を同じように。上下のゴムがちがう色になるように結ぶとかわいいよ☆

ロングヘア×ポップ

火曜日 逆りんぱサイドハーフ

1分でできちゃう逆りんアレンジ☆

用意するもの

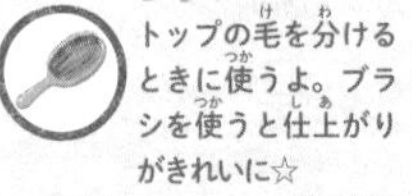

ブラシ
トップの毛を分けるときに使うよ。ブラシを使うと仕上がりがきれいに☆

ヘアゴム
あまり目立たない細めのシリコンゴムがベスト。黒か茶色のものを選ぼう。

1
トップの毛を、9：1くらいに分けるよ。ブラシを使って、毛の流れをキレイに整えて。

2
多いほうの髪の毛を、高めの位置で結ぶよ。あまり地肌に近い位置で結ばなくてOK。

3
結び目のところにすき間をあけたら、毛束を下から上に向かって通して、逆りんぱ（31ページ）しよう！

4
片手で結び目をおさえながら、逆りんぱした部分の毛を少し引き出して、ふんわりさせてね。

Long hair × pop

Lesson 2

ロングヘア × ポップ

水曜日 カラフルゴム結び

結ぶだけなのに
超ハッピーに決まるっ

用意するもの

ヘアゴム
いろいろな色のヘアゴムをた〜っくさん用意しよう☆

ダッカール
毛束をとめておくのに使うよ。ふたつは用意してね！

1
前髪をふくむトップの髪をとり分けて、頭のてっぺんより少しサイドよりで結ぼう。

2
1で結んだ髪を、さらに3つの毛束に分けるよ。できるだけ同じ太さの毛束に分けるとGOOD☆

3
毛束のうち、ふたつはダッカールで仮どめしておいてね。仮どめしていない毛束に、ゴムを3〜5か所結ぼう。

4

となりの毛束とゴムの色や位置をずらしながら、残り2本の毛束もカラーゴムで結んでね。

Long hair × pop

ロングヘア×ポップ

木曜日 ♥っぽフィッシュボーン

ハートが連なるような
ツインにずっきゃん♡

用意するもの

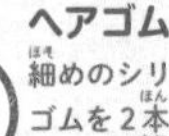

ヘアゴム
細めのシリコンゴムを2本用意しよう。何色でもOK。

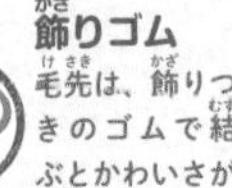

飾りゴム
毛先は、飾りつきのゴムで結ぶとかわいさがUPするよ♡

1
髪全体を後頭部でふたつに分けて、それぞれ耳下あたりで結ぶよ。

2

フィッシュボーンであんでいこう（36ページ）。

3
毛先まで3～4㎝くらいのところまであめたら、飾りゴムで結んでね。

4
あみ目をななめ上に向かって引き出そう。ハートみたいなあみ目になるよ♡

Long hair × pop

ロングヘア × ポップ

金曜日 サイドきっちりみつあみ

歩くたびにぴょこぴょこ
ゆれるみつあみ…♡

用意するもの

ブラシ
髪全体をまとめるときに使うよ！

ヘアゴム
ヘアゴムは２本必要。太めのリングゴムを用意！

カチューシャ
お好みの色のカチューシャをチョイス！

1 ブラシでとかしながら、髪を片側の耳上に集めてね。高い位置にするほど、元気なイメージ☆

2 髪がこぼれないように注意しながら、ヘアゴムで髪をひとつに結ぶよ。後れ毛が出ないように。

3 2の毛束をきつめにみつあみしよう！　毛先まで３㎝くらいのところでゴムで結んでね。

4 ゴムの結び目の手前に、好きなカチューシャをセットしよう！

ロングヘア×ポップ

土曜日 ねじ②てっぺんおだんご

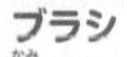

ブラシ
髪をキレイに集めるために用意しよう。

ヘアゴム
髪全体ををまとめられる、太めのリングゴムを用意！

Uピン
おだんごをとめるためのUピンを4～6本用意！

かわいいピン
カラフルなパッチンピンや飾りピンをたくさんとめちゃおう☆

1 髪全体を手ぐしで後頭部に集め、高めの位置でポニーテールにしよう。

2 毛束の根もとを片手でおさえながら、毛先をゴムの結び目にぐるぐる巻きつけよう。

3 毛先までしっかり巻きつけたら、Uピンで毛先を何か所かとめて固定させて。

4 パッチンピンや飾りピンを後頭部やサイドにパチパチとめちゃおう！

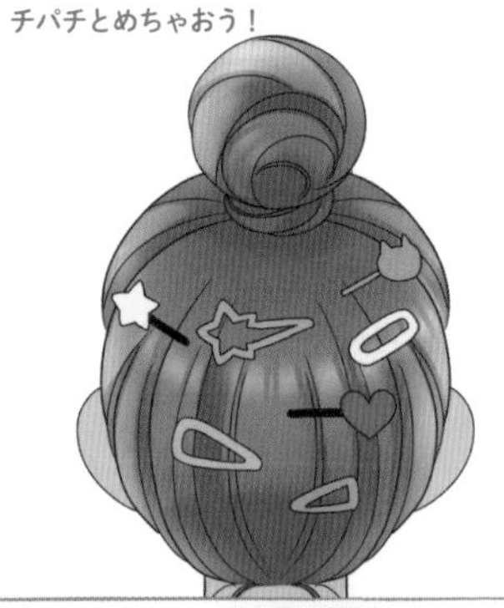

Long hair × pop

Lesson 2

ロングヘア × ポップ

日曜日 おだんごMIXツイン

ファンタジーみたいなラブリーさんにずっきゅん♡

用意するもの

ヘアゴム
髪をまとめるのに使うよ。かくれるから、何色でもOK。

コーム
髪に逆毛を立てるのに使うよ。目が粗いものを用意。

アメピン
毛束をとめるのに使うよ。黒か茶色のアメピンが◎

1
髪全体を後頭部でふたつに分けてね。耳の上あたりでツインテールにするよ。

2
髪に逆毛を立てよう。コームを毛先から根もとに向かって細かくかけて、ふわふわに♡

3
片方ずつ、2の毛束をふたつに分けてね。手前の毛束の根もとの毛をイラストのようにわっかにして、結び目の近くでピンでとめよう。

4
もう一方の毛束も、後ろに向かってわっかをつくり、ピンでとめて。反対側も同じく！

~ HAIR ♥ ARRANGEMENT ~

ミディアムヘア × ハピネスポップ

髪(かみ)の長(なが)さが鎖骨(さこつ)くらい

ミディアムヘア × ハピネスポップ の POINT

❶ カラーゴムを使(つか)った「ぽこぽこ」が定番(ていばん)！

❷ カラフルクリップなど、小物(こもの)も使(つか)ってアレンジ♪

❸ お休(やす)みの日(ひ)はなんちゃってパーマではなやかに☆

1週間(しゅうかん)ヘアアレ

月　火　水　木　金　土　日

85ページ　86ページ　87ページ　88ページ　89ページ　90ページ　91ページ

Medium hair×pop
はなやか&かわいい飾りゴムをセット！

ミディアムヘア×ポップ

月曜日 ぽこぽこサイドテール

用意するもの

飾りゴム
4本くらい用意しよう！2色用意して交互に結ぶとかわいいよ♪

1

トップの髪を8：2くらいで分けるよ。多いほうの髪を、耳より5㎝くらい上で結ぼう。

2

耳上の毛を取り分けて、1の毛束と合わせて耳の上あたりで結んでね。1とはちがう色のゴムを選ぶと◎。

3

残りの髪をすべて耳下あたりに集めて、ゴムで結ぶよ。1のゴムと同じ色で結ぶとGOOD！

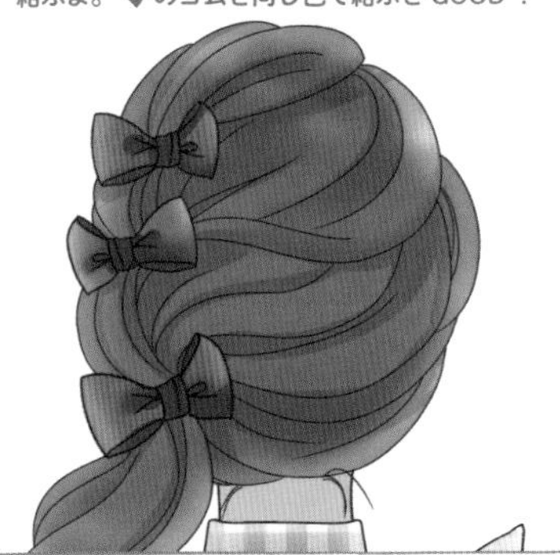

4

最後に、毛先から3㎝くらいのところを、2と同じ色のゴムで結ぼう。

ミディアムヘア×ポップ

火曜日 アイドル風ツインテール

ふわふわ＆シースルーがアイドルっぽさのヒケツ

用意するもの

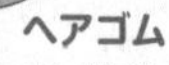

ヘアゴム
リングゴムを2本用意してね☆

コーム
毛束に逆毛を立てるのに使うよ。

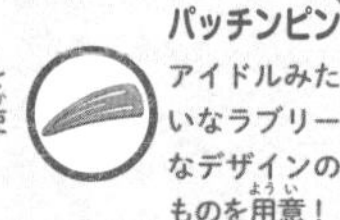

パッチンピン
アイドルみたいなラブリーなデザインのものを用意！

1
髪全体を、ざっくりふたつに分けるよ。イラストのように、ギザギザに分けるとかわいい♡

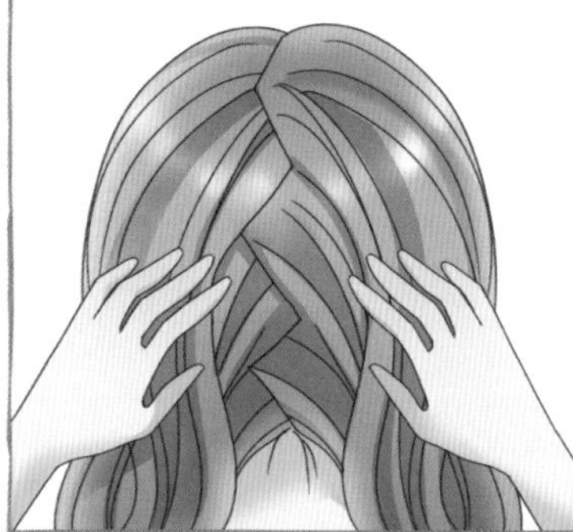

2
分けた髪を、耳より3～5㎝くらい上でふたつ結びにするよ。高めで結ぶと、アイドルっぽい☆

3
毛束に逆毛を立てるよ。毛先から根もとに向かってコームをかけて、ふわふわにしよう！

4
最後に、前髪の表面の毛を半分くらいとって、パッチンピンでとめよう。前髪をシースルーにすることで、おしゃれ感がアップするの。

ミディアムヘア×ポップ

水曜日 ねじ②おだんごハーフ

ねじねじでつくる簡単かわいいおだんご★

用意するもの

ヘアゴム
2本用意しよう。おだんごにするとき見えなくなるから、何色でもOKだよ。

アメピン
おだんごを固定するのに使うよ。6本以上は用意してね！

1
トップの髪をセンターでふたつに分けるよ。まずは片側から、耳より5㎝くらい上で結んでね。

2
1で結んだ髪を、きつめにぐるぐるねじろう。形を整えながら丸めて、おだんごにしてね。

3
おだんごをアメピンで固定するよ。最初にねじった毛先を固定し、形がくずれないようにあと2～3か所ピンどめしよう。

4
反対側も1～3を同じように！　おだんごの根もとにリボンを結ぶとかわいいよ☆

ミディアムヘア×ポップ

木曜日 ぽこぽこ高めツイン

ミディアムだからこそ
バランス◎のぽこぽこツイン

用意するもの

ヘアゴム

カラフルなヘアゴムを用意しよう。6本くらいあると◎。

アメピン

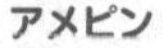

カラフルなアメピンで、ヘアアレをポップに味つけ！

1 髪全体を後頭部でふたつに分けて、耳より3～5㎝くらい上でふたつ結びにするよ。

2 1で結んだ毛束を、5㎝くらいの等間隔で結んでいくよ。ミディアムヘアなら、2か所くらい結べばOK！

3 結び目の間の毛束をまあるくするよ。結び目をおさえながら、上から順に引き出してふくらませていこう。

4 最後に、サイドや前髪にカラフルなアメピンをつけて！

Medium hair×pop

ミディアムヘア×ポップ

金曜日 ねじりんぱおだんご

金曜日はポップさにちょっぴり大人っぽさを★

用意するもの

ダッカール
髪をとり分けておくのに使うよ。

ヘアピン
ねじった毛束をとめるのに使うよ。黒や茶色だと◎。

ヘアゴム
あまり目立たない黒か茶色のシリコンゴムを2本用意して。

バレッタ
カラフルなバレッタでアレンジをはなやかにしよ☆

1 耳より前の毛をとり分けておこう。左右ともとり分けて、ダッカールでとめておいて。

4 3の毛束をくるりんぱしよう！

2 トップの毛を後頭部で2回くらいねじろう。ヘアピンを使い、後頭部に固定してね。

5 残りの髪をすべてまとめて、4の下あたりでひとつ結びするよ。

3 1でとり分けた左右の毛をそれぞれ毛先までねじったら、2のねじり部分の少し下あたりでひとつ結びに。

6 5の髪をわっかにして、バレッタで固定しよう。わっかの形をまあるく整えたら完成☆

ミディアムヘア×ポップ

土曜日 カラフルクリップ∞

用意するもの

カラークリップ
小さなカラークリップをたくさん用意しよう！

ワックス
前髪に束感を出すのに使うよ。

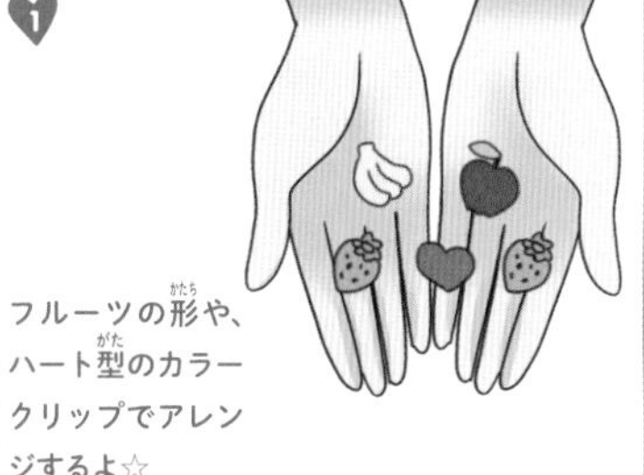

❶ フルーツの形や、ハート型のカラークリップでアレンジするよ☆

❷ 前髪の表面の毛を半分くらいとって左右に流し、前髪を薄くしよう。

❸ ❷でとり分けた髪をふくみながら、毛束をミニクリップでとめよう。

❹ ミニクリップはランダムにとめるよ。きちんと間隔ではなく、ランダムにとめるほうがおしゃれ♡

❺ 最後に、ワックスを指につけて、前髪をつまんで束感を出してね。イマドキ感がアップ☆

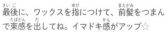

Medium hair×pop

ミディアムヘア×ポップ

日曜日 ふわふわパーマ風ツイン

あこがれのパーマはみつあみでつくれる★
ANDY

用意するもの

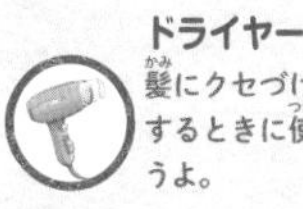

ヘアゴム
4本用意しよう。色は何色でも大丈夫！

ドライヤー
髪にクセづけするときに使うよ。

水
きりふきボトルに入れて用意してね。

1
髪全体を後頭部でふたつに分け、耳下で結ぶよ。その毛束を、毛先までみつあみにしてね。

2
みつあみ部分に水をシュッシュッとふきかけよう。しっかりぬらしたら……。

3
みつあみのまま、ドライヤーで温風を当ててね。こうすることで、クセがつくの！

4
みつあみをほどくよ。ふわふわのツインテールになったね♪

5
最後に、耳の下の結び目をくるりんぱしよう！耳下にボリュームが出て、はなやかさがアップするよ☆

〜HAIR♥ARRANGEMENT〜

ショートヘア × ハピネスポップ

毛先が肩くらいまで

ショートヘア × ハピネスポップ の POINT

❶ カラーピンを使って元気な雰囲気！
❷ 高めの位置でハーフアップにしちゃお☆
❸ “カラーゴムでいっぱい結ぶ”とはなやかに！

1週間ヘアアレ

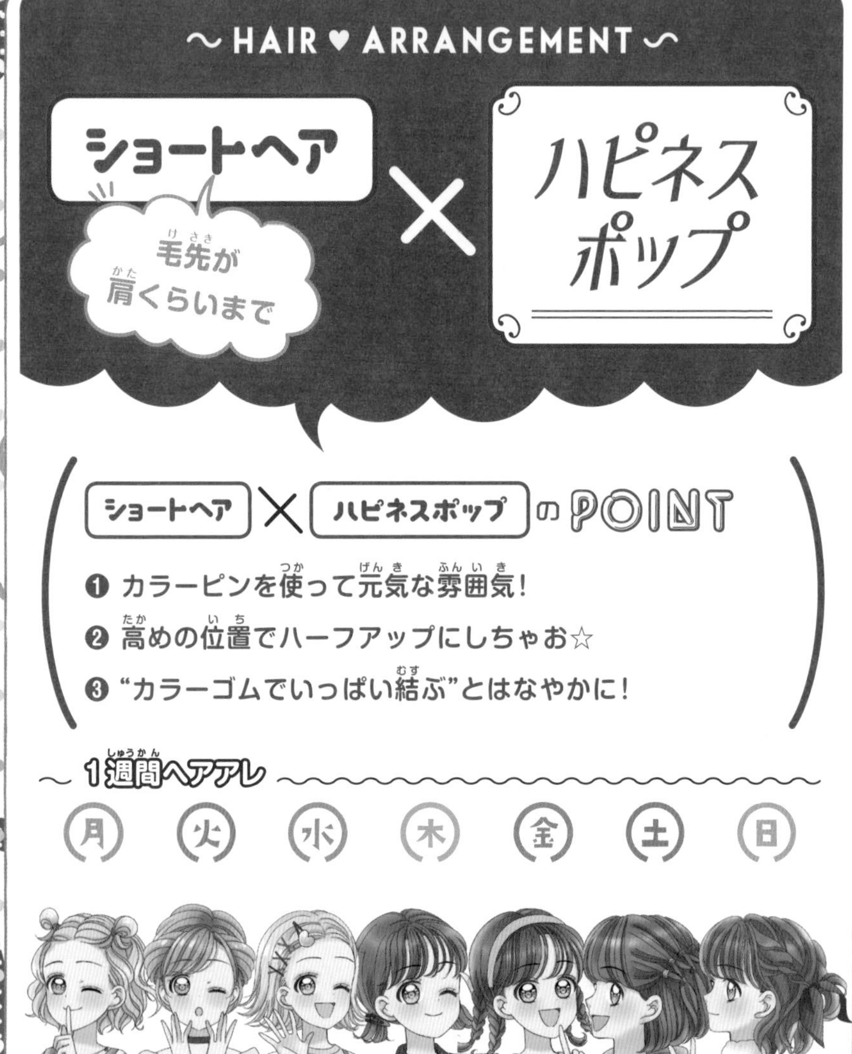

93ページ　94ページ　95ページ　96ページ　97ページ　98ページ　99ページ

Short hair×pop

ショートヘア×ポップ

月曜日 Wつのハーフアップ

ちびつのがヤンチャな個性派アレンジ★

用意するもの

ヘアゴム

シリコンゴムを２本用意しよう！　色は何色でもOKだよ☆

1 前髪を持ち上げて、トップの毛とあわせるよ。きっちりとり分けず、ざっくりでOK。

2 1でまとめた毛束を、目じりからまっすぐ上に上がったくらいの位置で結んでいくよ。最後まで結ばずに……。

3 最後の１回はゴムを抜ききらないで、小さなわっかをつくるよ。これがつのになるの☆

4 反対側も1～3を同じようにして、つのをつくろう！

Short hair × pop

ショートヘア × ポップ

火曜日 ふわふわイヤーマフ風

耳横にふわふわのイヤーマフを

用意するもの

アメピン

アメピンが2～4本あればつくれちゃうよ！　色は黒か茶色を選ぶとGOOD。

1 片側ずつ、耳より上の毛束を多めにとり分けるよ。

3 2でねじった毛先を、後頭部でピンを使って固定してね。反対側も同じようにねじろう。

2 上方向にねじりながら、ななめ上に向かって引き上げてね！

4 ねじった部分を、指で手前に引き出してふわふわ感を出すよ。正面から鏡でチェックしてね☆

Short hair pop

Lesson 2

長さ×テイスト別！ 1週間アレンジ

ショートヘア×ポップ

水曜日 ××カラフルピン

外ハネがイマドキ★カラフルピンアレンジ

用意するもの

ドライヤー
外ハネをつくるときに、温風をあてるよ。

パッチンピン
前髪をとめるのに使うよ。カラフルなものがGOOD。

アメピン
4本以上用意してね。カラフルなピンを用意すると◎。

1 ブローするときに、毛先にドライヤーを上から当てよう。このとき、毛先を手でつかみ、手首を外側に向かって返しながらかわかすと◎。

2 全体を1の方法でかわかして毛先が外ハネになったら、前髪をセンターで左右に分けるよ。

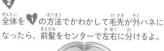

3 片側をパッチンピンでとめてね。上のほうでとめるとかわいい！

4 アメピンを×になるようにつけていこう。ピンは片側だけにつけたほうが、ごちゃごちゃしすぎずおしゃれに見えるよ♪

ショートヘア×ポップ

木曜日 ちびツインテール

ちっちゃなツインにパッチンピンをセット！

用意するもの

ヘアゴム
細めのシリコンゴムを2本用意しよう。

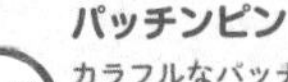

パッチンピン
カラフルなパッチンピンをふたつ使うよ。

髪全体を、後頭部でざっくりふたつに分けるよ。ジグザグに分けてもかわいいの♪

分けた毛束を、耳下あたりでゴムを使ってふたつ結びにするよ。小さなツインテールの完成。

2のゴムの上から、パッチンピンをとめてね。これだけで、ポップさが急上昇！

反対側の結び目も同じようにパッチン！　左右のパッチンピンの色を変えてもかわいいよ♪

ショートヘア×ポップ

金曜日 みつあみ×フォー

4本のみつあみで元気いっぱいはじけよっ

用意するもの

ダッカール
分けた髪を取り分けておくのに使うよ。

ヘアゴム
全部で4本使うよ。色は2色くらいが◎。

カチューシャ
最後にセットすると、さらにかわいい♡

1
髪全体を後頭部でふたつに分けるよ。さらに、耳より前と後ろでふたつに分け、合計4つの束にしてね。ダッカールでとめておくよ。

2
手前の毛束からみつあみしていくよ。

3
毛先まで2～3㎝くらいのところまでみつあみしてゴムで結ぼう！

4
残りの3つの束も2～3と同じようにみつあみしよう。仕上げにカチューシャをセット！

ショートヘア × ポップ

土曜日 カラフルパフィーブレイド

ちょっぴい難しいけど
ちゅーもく度No.1！

用意するもの

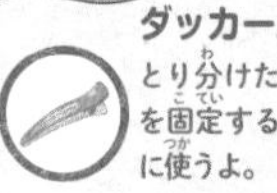

ダッカール
とり分けた髪を固定するのに使うよ。

ヘアゴム
カラフルなシリコンゴムをたくさん用意してね！

コーム
毛束をとり分けるのに絶対必要だよ☆

1 トップの毛をセンターできっちり分けてね。ダッカールでとめておこう。

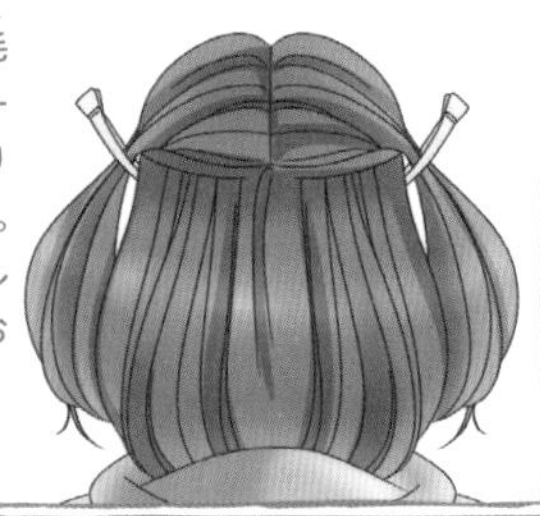

2 まずは片側から。1でとり分けた毛束のセンター寄りの毛をとり分けて、コームで後ろへとかそう。

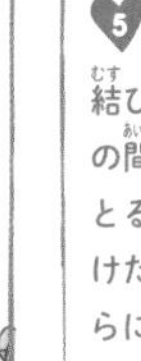

3 2でとり分けた毛束をゴムで結ぶよ。

4 2～3と同じようにしながら、片側4か所、左右で計8か所くらいの毛束をゴムで結ぼう。

5 結び目と結び目の間の毛を少量とるよ。とり分けた毛束は、さらにふたつに分けてね。

6 5の毛束の左右にある結び目の毛束を半分に分け、5の毛束と合わせて結ぶよ。これを、4のすべての毛束の間で行ってね。

Short hair × pop

ショートヘア×ポップ

日曜日 バンダナMIXおだんご

カラフルなバンダナがキュートなおだんごヘア♪

用意するもの

ヘアゴム

1本用意して。バンダナでかくれるから、何色でもOK。

バンダナ

お気に入りの柄のバンダナを1つ用意！

アメピン

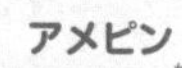

バンダナを髪に固定するのに使うよ。

1

両方の耳上の髪を、左側に寄せながらとり分けるよ。それぞれ内側に向かって2～3回ねじってね。

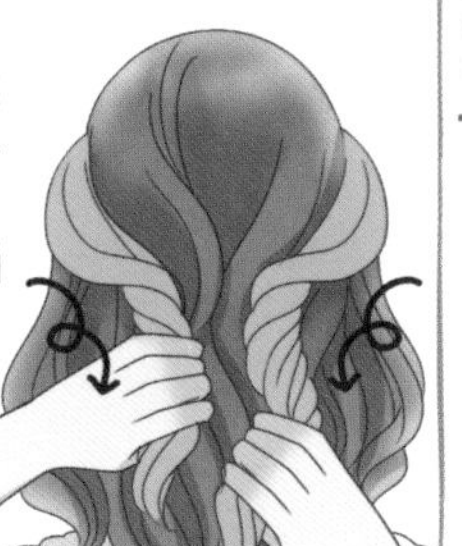

2

ねじった毛束をあわせて、ゴムで結ぶよ。最後まで結びきらずに、小さめのわっかをつくろう。

3

バンダナを細く折っておいてね。1でねじった毛束の内側にバンダナを通そう。

3

2の結び目をかくすように、バンダナを巻きつけてかた結びにしてね。

4

右寄りの後頭部から結んでいない毛束を少しだけとって、ねじりながらバンダナの上にかぶせよう。ピンでとめれば完成だよ☆

前髪カットでイメチェンしよう!

なりたいイメージに合わせた前髪づくりを

右のイラストを見てみて。前髪のちがいで印象がガラッと変わるよね！　カットのしかたやボリュームを変えることで、髪全体の長さはそのままでも、手軽にイメチェンできちゃうの☆　まわりからどんなイメージで見られたいか考えて、カットやセットをしてみよう。

コーデに合うカットやセットを考えるのも楽しいよ♪

first! アイテムを用意しよう

前髪カットに必要なアイテムを紹介するよ。ハサミは髪を切る専用のものを用意してね。

カットバサミ

髪の長さや全体の形を整えるのに使うハサミ。工作用のハサミよりも切れ味がするどく、髪への負担が少ないんだ。

すきバサミ

髪の長さはそのままに、量を調節したいときに使うハサミ。片方の刃がギザギザのくし状になっているの。

コーム

日本語で「くし」を意味するよ。カット前に、軽いもつれをほどいたり、仕上げに毛流れを整えるときに使うよ。

ダッカール

「ヘアクリップ」とも呼ばれるよ。カット前に、切らない髪をサイドに分けておくために用意しよう。

＼practice!／

基本の前髪カットのやり方

アイテムをそろえたらさっそくカットしてみよう！　アイテムをどのタイミングで使うかチェックしてね☆

ハサミを使うときはけがをしないように気をつけてね！

1

カットするはんいを決めよう

まずはカットする前髪のはんいを決めて、ダッカールで切らない髪をとめておこう。前髪は左右の目じりと目じりの間にして、それより外側は切らないのが基本だよ。

2

コームで毛の流れを整えよう

コームで前髪をていねいにとかして、毛流れを整えよう。毛の長い部分と短い部分がわかりやすくなるの♪　毛がうねる場合は少しぬらしておくとGOOD☆

3

少しずつカットしていこう

前髪を人さし指と中指ではさむようにして持ち、鏡を見ながらハサミをたてに入れて、少しずつカットしていこう。厚みを薄くしたいときは、毛先からすきバサミを入れてね。

4

全体をチェック！

全体の形が決まったら、はみ出た毛を整えよう。最後にダッカールをはずして、手鏡で正面→両サイドの順に仕上がりをチェックしてね！

前髪カットに自信がない…

前髪を自分でカットするのが難しい子は、カーラーで巻いたり、スタイリング剤を使って、長さを変えずに前髪チェンジをしてみよう♪ 104ページで紹介するふたつは、前髪を切らなくても挑戦できるよ。

ガラリと変われそう

前髪バリエカタログ

前髪のバリエーションを６スタイル紹介するよ！
自分がなりたいイメージに合わせて選んでね♪

わぁー♥
どれもかわいい！

ぱっつん

切りそろえて目ヂカラUP
個性をアピールできちゃう

真っすぐ直線にカットした前髪スタイルだよ。切りそろえる位置によって印象が変わるの。まゆ下でカットすると目ヂカラがUP！　まゆ上で切りそろえると、個性的な雰囲気になるよ。好きなコーデに合う長さで切りそろえてみて♪

カットのやり方

❶ 前髪を表面と内側のふたつに分けたら、表面の毛を上げて頭頂部にダッカールでとめておこう。

❷ まず内側の中心を切り、それに合わせて両はしを同じ長さにカットしよう。

❸ 上げておいた表面の毛を下ろしてコームでとかし、内側の毛の長さに合わせて切りそろえてね。

ななめバング

さらりと流して

前髪を８：２くらいの割合で分けて、左右のどちらかに流すスタイル。前髪にすき間ができるから、たてのラインが強調されてすっきり見えるよ♪どんな顔型の子にも似合うから挑戦しやすいの！クールで大人っぽくなりたい子にイチオシ☆

カットのやり方

❶ 最初に左右のどちらか、流す方向を決めてね。コームを使って分けてみよう。

❷ 多い方の髪を流したい方向の逆側に持っていき、そのままハサミで真横にカットしよう。

❸ 少ない方の髪も❷と反対側に持っていって同じようにカット。最後に毛流れを整えてね。

ラウンドカット

ゆるやかな丸みで
ガーリーレベル急上昇♥

目じりからこめかみにかけて前髪をラウンド（丸く）させて、こめかみの毛は少し長く残すスタイル。ぱっつんと同じくらい目をパッチリ見せる効果があるよ。ガーリーコーデや甘めの雰囲気が好みの子におすすめ♡

カットのやり方

❶ コームで毛流れを真っすぐに整えるよ。こめかみから目じりにかけて、ななめにハサミを入れよう。

❷ 真ん中の髪を少しとり、まゆ下あたりで切りそろえてね。

❸ 両はし以外の毛は、少しすくとバランスがいいよ。すきバサミを入れて整えよう。

シースルーバング

エアリーな前髪で
ピュアなイマドキ女子に

シースルーとは「透けてみえる」という意味。その名のとおり前髪をすいて束感をつくり、おでこをチラ見せするスタイルだよ。顔に影が落ちないから、パッと明るくなって、イマドキな雰囲気になれるんだ♪

カットのやり方

❶ まずは真ん中からカットしよう。ハサミはたてではなく、ななめに入れていくよ。

❷ 両はしの髪にもハサミをななめに入れていってね。鏡を見ながら慎重にバランスを整えて。

❸ 毛を少しずつつまんで束にして、髪の中間〜毛先にかけてすきバサミを入れよう。

ふんわりカール

目もとにかかる長めの前髪もアレンジ次第でかわいく変身！　前髪をくるんと内巻きにすることでふんわりとしたやわらかさが出て、せいそなおしとやかガールになれちゃうの♡　カーラーを使ってアレンジしていくよ。

カットのやり方

❶ カーラーを前髪の内側に入れて、髪を巻きつけてとめるよ。

❷ 10cm ほどはなした位置からドライヤーで温風を当てて、カールをしっかり固定させよう。

❸ カーラーをとり外すよ。くるんと丸みがでた前髪をヘアスプレーで軽く固めよう。

センターパート

長めの前髪をきっちり真ん中で分けて流したスタイルは、大人っぽくて知的な印象に♪　たてのラインがはっきりして、顔を細見せできるの。丸顔の子やベース型の顔の子に、とくにおすすめしたいスタイルだよ！

カットのやり方

❶ キレイに分けるポイントはかわかし方。ぬれた前髪の真正面からドライヤーで温風を当てて、生えぎわのクセを伸ばそう。

❷ コームを使ってよりきっちり分けたら、ブラシで髪の内側をとかしながらさらにドライヤーをかけて。

❸ 分け目ができたら、髪を完全にかわかすよ。最後にヘアスプレーで固めてね。

きっちり真ん中分けは
かしこ見せが叶うの！

前髪は切ってもすぐ伸びるから、服のコーデや気分に合わせていろいろ挑戦できちゃうよ♪

やっちゃった！

前髪をカットしすぎたら？

うっかり前髪をカットしすぎちゃったときでも大丈夫！
切りすぎ前髪を簡単にカバーできるテクを紹介するよ。
アレンジを楽しみながら、伸びるまでのんびり待とう。

カラフルピンを重ねづけ！

前髪をサイドに流して、カラフルなピンを重ねづけしよう！　クロスさせたり、ランダムな間かくでとめるとおしゃれ上級者になれる☆

カチューシャでデコ出ししよう

思いきってカチューシャで前髪をアップにしちゃおう。サイドの髪はゆるふわに巻いて、大人っぽさ×お上品のミックススタイルに♪

帽子をかぶればまるっとカバー！

帽子をかぶって前髪をまるっとかくしちゃうのもひとつの手かも。ニット帽は深めにかぶって前髪をINすると、目ヂカラもUPできちゃうよ。

わぁ～かわいい！
これなら失敗しても
ユーウツじゃないね♪

~HAIR♥ARRANGEMENT~

ロングヘア × 姉っぽリッチ

髪の長さが鎖骨より長い

ロングヘア × 姉っぽリッチ の POINT

❶ 結び目は低めにすると大人っぽい♪

❷ アップスタイルは“ざっくり”がGOOD☆

❸ ダウンスタイルもひと手間でグッとおしゃれ！

1週間ヘアアレ

月 火 水 木 金 土 日

107ページ

108ページ

109ページ
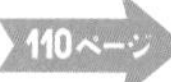
110ページ

111ページ

112ページ
113ページ

Long hair×Rich

ロングヘア×姉リッチ

Lesson 2

月曜日 サイドあみこみつあみ

用意するもの

ブラシ
髪をまとめるときに使うよ。きっちり感があったほうが◎。

ヘアゴム
シリコンゴムが1本あればOK。何色でも大丈夫だよ。

1 髪全体を9：1くらいに分けるよ。ブラシを使って、後れ毛が出ないようにしてね。

2 多いほうの毛を、前髪ごとトップからあみこみしていくよ。あめる毛がなくなるまで、きつめにあんでね。

3 耳より下の毛は、みつあみにするよ。これもきっちり、ゆるまないように！

4 毛先をゴムで結べば完成だよ☆　このアレンジは、あみ目をゆるめずきっちりさせるのが正解！

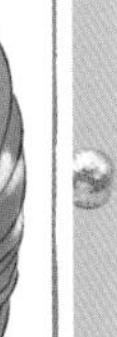

ロングヘア×姉リッチ

火曜日 ゆるふわポニー

おしゃれポニーは後れ毛たっぷりで完成♡

用意するもの

ヘアゴム
髪全体を結べる、太めのリングゴムを1本用意しよう。

髪全体をざっくりとまとめるよ。まずは前髪から、手ぐしで後頭部に向かって流してね。

サイドの毛をまとめるよ。こめかみの後れ毛をたっぷり残すと、ニュアンスが出るの♡

髪全体を後頭部でまとめて、ゴムでひとつ結びにしよう。高めの位置で結ぶとGOOD☆

最後に、結び目をおさえながらトップの毛を少しだけ上に引き出して、ボリュームアップ♪

Long hair×Rich

ロングヘア×姉リッチ

水曜日 ねじ②サイドテール

用意するもの

ヘアゴム
黒か茶色の太めのリングゴムを１本用意してね。

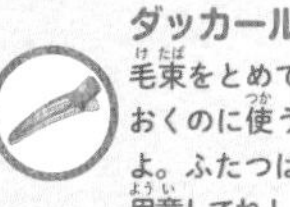

ダッカール
毛束をとめておくのに使うよ。ふたつは用意してね！

ヘアピン
アメピンを３～５本と、ゴールドピンをたくさん用意。

1
両サイドの毛をとり分けて、ダッカールでとめておくよ。残りの毛を左に寄せてひとつに結ぼう。

2
ひとつ結びした毛束から少しだけ毛をとって、ゴムの上に巻きつけて。

3
ゴムをかくせたら、２の毛束をピンでとめて。巻きつけた毛束に対して、ピンをななめにさすとくずれないよ。

4
残しておいたサイドの毛を、まずは左からゆるめにねじり、１の結び目に巻きつけたら、ピンをさしてとめよう。

5
次は右の毛束。ゆるめにねじって、同じように１の結び目に巻きつけ、ピンで固定して。

6

右側に、ゴールドピンをランダムにつければ完成だよ☆

ロングヘア×姉リッチ

木曜日 かき上げ大人っぽダウン

前髪にひとクセつければ
いつもとちがうフンイキに

用意するもの

水
きりふきボトルに入れて用意しよう。

ドライヤー
立ち上げた前髪にクセをつけるのに使う。

ワックス
前髪がくずれないように形づくるよ！

前髪を、7：3くらいに分けてね。多いほうの髪の根もとを立ち上げていくよ。

前髪を片手で上に持ち上げながら、髪の根もとにきりふきボトルで水をかけよう。

前髪の下からドライヤーをかけるよ。まずは温風を当ててかわかして、そのあと冷風をかけて。

クセがついたら、ワックスを根もとからなじませてね。つけすぎるとベタベタしてしまうから注意して！

Long hair×Rich

ロングヘア×姉リッチ

金曜日 ゆるおだんごハーフ

ふんわりおだんごが大人かわいさを演出…♡

用意するもの

ヘアゴム
目立ちにくい、黒か茶色のシリコンゴムを1本用意してね。

アメピン
目立ちにくい黒か茶色のアメピンを2〜3本用意しよう。

1 耳より上の毛を集めて、後頭部の少し左寄りでひとつ結びにするよ。最後まで結びきらず……。

2 最後の1回でわっかにして、おだんごに！

3 2でたらした毛から、毛束を少しとってゴムにくるっと巻きつけてね。

4 3の毛先をピンでとめるよ。

5 おだんごを、上下にほぐして、まあるく立体的にしたら完成だよ☆

Long hair×Rich

ロングヘア×姉リッチ

土曜日 あみあみ風くるりんぱ

くるりんぱの連続で
複雑なあみ目がつくれる♪

用意するもの

ヘアゴム
髪の長さに合わせて必要な数が変わるよ。黒か茶色のシリコンゴムを、5本以上は用意してね。

1
トップの毛を集めて、後頭部で結ぶよ。結び目の上にすき間を開けて、くるりんぱしよう。

2
両サイドの毛を後ろにもってきて、❶のくるりんぱの少し下で結ぼう。この毛束もくるりんぱ！

3
まだ結んでいないえり足あたりの毛を、真ん中でふたつに分けよう。❷の上にかぶせて結び、くるりんぱ。

4
❸で結んだ毛束の下にある毛をふたつに分けて。両側から❸にかぶせ、ひとつ結びにしてくるりんぱ！　そのあとは、❸の毛束をふたつに分けて結び、くるりんぱ……をくり返して。

5
毛先まで、下にある毛束をふたつに分けて結ぶ→くるりんぱをくり返したら、ゴムで結ぼう。

Long hair×Rich

ロングヘア×姉リッチ

日曜日 みつあみもこアップ

用意するもの

ヘアゴム
目立ちにくい、黒か茶色のシリコンゴムを1本用意してね。

アメピン
黒か茶色のアメピンを用意。4～6本あるとGOODだよ。

1 髪全体を後頭部でふたつに分け、えり足に近い低めの位置でふたつに結ぶよ。

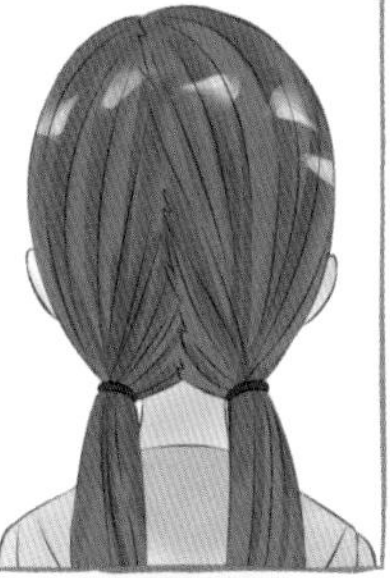

2 1の毛束をきつくみつあみしよう。毛先まで4㎝くらいのところまであんで結んでね。

3 みつあみのあみ目をほぐしていこう。左右に引っぱって、もこもこにしてね。

4 左側のみつあみを、右に向かって流すよ。毛先は下向きに折り曲げてね。丸みがでるように形を整えて。

5 左側から順に、2～3か所ピンでとめてしっかり固定しよう！毛先は折りたたんで、あみ目の中にしまって。

6 毛先をピンでとめてね。もう1本のみつあみも同じように折ってピンどめすれば完成☆

ミディアムヘア × 姉っぽリッチ

髪の長さが鎖骨くらい

ミディアムヘア × 姉っぽリッチ の POINT

1. ひとクセハーフアップでおしゃれに♡
2. 結び目は見せないほうが雰囲気が出るよ♪
3. お休みの日はリボンやスカーフをMIX！

1週間ヘアアレ

Medium hair×Rich

ミディアムヘア×姉リッチ

月曜日 くるりんぱ②

くるりんぱ×2回で大人っぽローポニーに

用意するもの

ヘアゴム
目立ちにくい黒か茶色のシリコンゴムを、3本用意してね。

1 髪全体をざっくりとひとつにまとめ、後頭部でひとつ結びにするよ。

3 1と2の結び目の間の毛をふたつに割ってすき間を開けよう。すき間に、毛先から毛束を通してね！

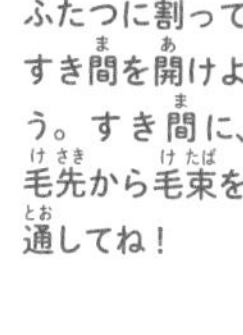

2 結び目から3～4㎝くらいのところを、ゴムで結んでね。

4 2の結び目から3～4㎝のところをゴムで結び、3と同じようにくるりんぱ！

Medium hair × Rich

ミディアムヘア × 姉リッチ

火曜日 シュシュっぽハーフアップ

用意するもの

ヘアゴム
目立ちにくい黒か茶色のシリコンゴムを1本用意！

ダッカール
ねじった毛束を仮どめするのに使うよ。

アメピン
黒か茶色のアメピンを5本以上使うよ。

髪の毛でまあるいシュシュをつくれる！

1
両サイドの毛をとり分けよう。それをさらに耳より前と後ろのふたつの毛束に分けて、両手で持つよ。

2
ふたつの毛束を、くるくるとツイストさせよう。このとき、毛束はねじらないように！毛先を長めに残して、ダッカールで仮どめしてね。

3
反対側も同じようにツイストしたら、2の毛束とひとつにまとめて結ぶよ。最後まで結ばず、わっかをつくろう。

4
3のわっかを左右に開いて、リボンのようにしよう！　残った毛先は、リボンの中心に集めるようにしてアメピンでとめておいてね。

5
リボンのはしにアメピンを4か所くらいさしてとめよう。わっかの形を整えてね！

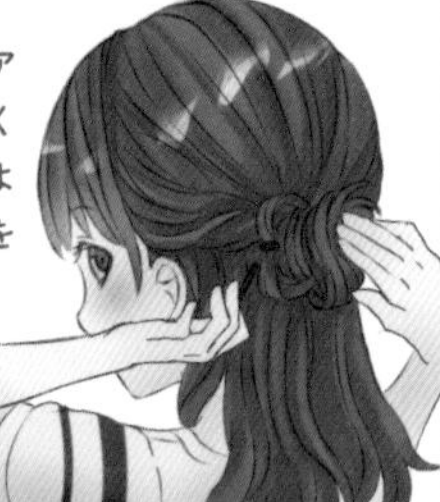

Medium hair×Rich

ミディアムヘア×姉リッチ

水曜日 なんちゃってボブあみ

用意するもの

ヘアゴム
目立ちにくい細めのシリコンゴムを、5本用意してね。

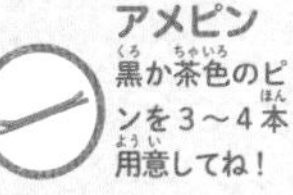

アメピン
黒か茶色のピンを3～4本用意してね！

Uピン
最後にUピンをさすと、くずれずキレイに仕上がる！

1 トップの毛を左右にふたつに分け、耳のほうに向かってあみこみ！

2 耳まであみこんだら、残りの毛はみつあみに。毛先5㎝くらいまであんで、ゴムで結んでね。反対側も同じように。

3 髪全体を3～4つのパートに分けて、毛先5cmのところを結ぶよ。両はしの毛束は、2のみつあみと合わせて結んで。

4 毛先を内側に丸めて、地肌側の髪とつなぐようにピンでとめよう。丸めた毛束に対してななめにとめると、ピン1本でとまるよ。

5 後ろ側にUピンをさして、しっかり固定しよう。すべての毛束を、アメピン→Uピンの順にとめてね。

ミディアムヘア × 姉リッチ

木曜日 みつあみMIXくるりんぱ

みつあみ＋くるりんぱで
こって見えるの★

用意するもの

ヘアゴム
目立ちにくい黒か茶色のシリコンゴムを１本用意しよう。

1
耳より上の毛をとり分けるよ。

2
1の毛束をさらに３つに分けて、みつあみするよ。えり足くらいまでみつあみして、ゴムで結んでね。

3
残りの髪を集めて、1のみつあみと合わせてひとつに結ぼう！

4
結び目を片手でおさえながら、トップの毛を上に向かって引き出し、ボリュームを出そう。

5
3の結び目の上にすき間をあけて、くるりんぱ！　毛束をふたつに分けて左右に引っぱり、くるりんぱ部分を引きしめたら完成だよ☆

ミディアムヘア×姉リッチ

金曜日 Wくるりんぱハーフ

2回のくるりんぱでお嬢ライクなハーフアップ

ヘアゴム

あまり目立たない黒か茶色のシリコンゴムを2本用意しよう！

1 トップの毛を後頭部に集めて、ゴムでひとつに結ぶよ。

2 1の結び目の上にすき間をあけて、毛束を通してくるりんぱ！

3 結び目を片手でおさえながら、くるりんぱした部分の毛を引き出そう。

4 サイドの毛を、1の結び目より少し下で結んでね。

5 4の毛束もくるりんぱするよ！

6 くるりんぱした部分を、指で軽く引っぱってほぐせば完成だよ☆

Medium hair×Rich

ミディアムヘア×姉リッチ

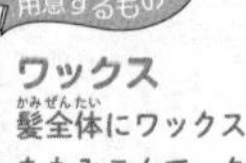

土曜日 ふわくしゅリボン

用意するもの

ワックス
髪全体にワックスをもみこんで、クセをつけやすく！

ヘアゴム
目立ちにくい黒か茶色のシリコンゴムを用意。

リボン
チュールレースのものがおしゃれでおすすめだよ♡

アメピン
目立ちにくい色のピンを4本くらい用意しよう！

1 髪全体にワックスをもみこんだら、手ぐしでざっくり片側に寄せて。

2 1で集めた毛をゴムで結ぼう。結びきらずに、最後の1回はわっかにしてね。

3 2のわっか部分を広げるよ。前後左右に広げて、まあるく！

4 リボンをゴムに巻きつけて、結び目が上にくるように1回結ぶよ。

5 3で広げた毛束を、ピンで地肌側の毛にとめよう。円になるように、4か所くらいとめて。

6 4のリボンをちょうちょ結びにしたら完成だよ☆

Medium hair×Rich

ミディアムヘア × 姉リッチ

日曜日 大人っぽスカーフMIX

用意するもの

ヘアゴム
目立ちにくい色のシリコンゴムを2本用意してね。

ダッカール
毛束を分けておくときに使うよ。

スカーフ
お気に入りの柄のスカーフを用意して！

1 サイドの髪をとり分けて、ダッカールで仮どめ。残りの毛は、えり足でひとつ結びに。

2 スカーフをおでこの上にひっかけて、後頭部にまわすよ。1の結び目の上で、スカーフを結んでね。

3 サイドにとり分けておいた毛を、スカーフに巻きこもう。左右とも同じように！

4 毛束を3つに分けよう。左右の毛束には、それぞれスカーフをセットしてね。

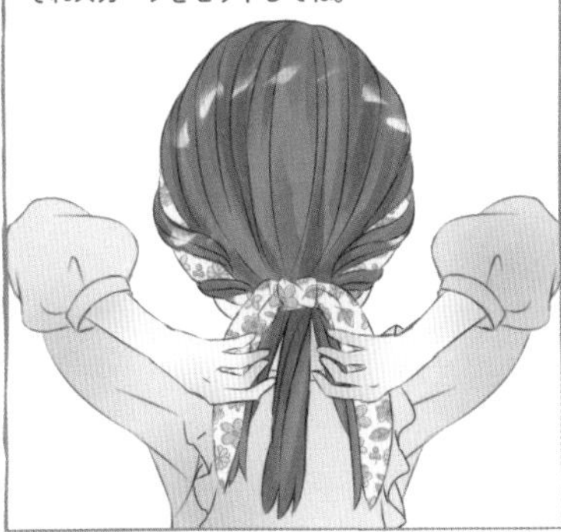

5 スカーフごと、毛先までみつあみしていくよ。最後にヘアゴムで結べば完成☆

ショートヘア × 姉っぽリッチ

毛先が肩くらいまで

ショートヘア × 姉っぽリッチ の POINT

❶ ピンを使って髪全体に束感を出そう!

❷ バレッタをつけるとグッと大人っぽい♪

❸ “ねじる”テクでニュアンスが出る☆

1週間ヘアアレ

Short hair×Rich

ショートヘア × 姉リッチ

月曜日 カチューシャ風あみこみ

ショートでもできちゃう♡
あこがれアレンジ

用意するもの

ダッカール
髪をとり分けておくのに使うよ。

ヘアゴム
細いシリコンゴムを2本用意してね。

アメピン
目立ちにくい色のピンを2〜4本用意！

1
耳より前の毛をとり分けるよ。あむ位置をまちがえないように、前髪はダッカールでとめておくと◎。

2
トップから耳に向かって、1の毛束をあみこみ。あむ毛がなくなったら毛先までみつあみして、ゴムで結んでね。

3
結び目を片手でおさえながら、あみ目を引き出してふんわりさせよう。

4
あんだ毛を耳にかけて、ピンで固定するよ。ピンが見えないように、上から後ろ側の毛をかぶせてね。

5
反対側も1〜4を同じように！

Short hair×Rich

ショートヘア×姉リッチ

火曜日 ねじりアシメハーフ

用意するもの

ワックス
髪全体にもみこむことで、毛先にニュアンスが出るの♡

ゴールドピン
大人かわいいゴールドピンを3本以上用意してね！

アメピン
目立たない色のアメピンを2本以上用意。

バレッタ
大人っぽいデザインのものがGOOD☆

1 手のひらにワックスを広げ、毛先を中心に髪全体にもみこんでね。

2 トップの毛を7：3に分け、多いほうの毛を2～3回ねじって、耳の後ろあたりに持ってこよう。

3 2の毛束を耳にかけ、ゴールドピンを使ってランダムにとめていこう！

4 サイドの毛をとり分け、後頭部に向かってゆるくねじってね。

5 4の毛束を、目立たない色のアメピンで後頭部にとめるよ。

6 5のピンをかくすように、上からバレッタをとめてね☆

Short hair×Rich

ショートヘア×姉リッチ

水曜日 毛先遊ばせピン

ぴょこぴょこ遊ぶ毛先でおしゃれ度カンスト♥

用意するもの

ヘアピン
ゴールドやシルバーの、メタリックカラーのピンがおすすめ。たくさん用意しよう！

1 トップの毛を後頭部に向かって1回ねじるよ。前に向かって押し出すようにしながらねじると、ふんわり感が出る！

2 ゴールドピンで、ねじった毛束を固定するよ。ピンは横向きにさしてね。

3 サイドの毛束も、上に向かってくるっと1回ねじってね。

4 ピンでとめて固定するよ。同じように、サイドの毛を両側2回ずつくらいねじってピンでとめれば完成だよ☆

ショートヘア×姉リッチ

木曜日 おせいそねじりピン

用意するもの

ダッカール
毛束をとめておくのに使うよ。

アメピン
目立ちにくい黒か茶色のものを３本用意しよう！

耳より上の毛をとり分け、さらに左右にふたつに分けるよ。少しななめにとり分けると◎。

まず、右の毛束を後ろに引きながら、反時計まわりにねじろう。

ねじった毛束をピンでとめて固定するよ。毛束と地肌側の髪をつなぐようにとめるとくずれない！

左側の毛束を、今度は時計まわりにねじるよ。3の毛束の上に重ねたら、ピンをななめ上に向かってさしてね！

Short hair×Rich

ショートヘア×姉リッチ

金曜日 ちょこ②玉ねぎポニー

定番ポニーも†玉ねぎ†でこなれるの♥

用意するもの

ヘアゴム
目立たない色のシリコンゴムを、3本くらい用意してね。このアレンジはヘアゴムだけでできるよ！

1
サイドの後れ毛を残し、髪全体を手ぐしでまとめてひとつ結びにしてね。

2
1の結び目から2～3㎝の位置を、さらにゴムで結ぶよ。

3
1と2の結び目の間の毛束を左右に軽く引っぱって、まあるくしよう。玉ねぎのような形にするとGOOD！

4
さらに、2の結び目から2～3㎝のところを結んで、同じようにまあるく形を整えてね♪

Short hair × Rich

ショートヘア × 姉リッチ

土曜日 おまとめ風フェミニン

ショートでもできる まとめ髪風アレンジ★

用意するもの

ダッカール
とり分けた髪を固定するのに使うよ。

アメピン
目立ちにくい黒か茶色のものを３本以上用意してね。

バレッタ
好きなデザインのバレッタを選ぼう！

1 耳より上の毛を、深いV字をえがくようにとり分けて、ダッカールでとめるよ。

2 耳下の毛を、サイドからえり足に向かってあみこみして、後頭部にピンでとめるよ。両側ともあみこみしてね。

3 1でとり分けておいた髪を下ろし、毛先を１回ねじってね。

4 3の毛先を内側に丸めて、あみこみの上あたりでピンを使って地肌側の髪に固定するよ。短い髪はそのままでも大丈夫！

5 あみこみの終わりくらいの位置に、バレッタをつければ完成だよ☆

Short hair×Rich

ショートヘア×姉リッチ

日曜日 あみこみツイストハーフ

あみこみ×ツイストで
おしゃハーフアップの完成

用意するもの

ヘアゴム
目立ちにくい色のシリコンゴムを2本用意してね。

ダッカール
毛束をとめておくのに使うよ。

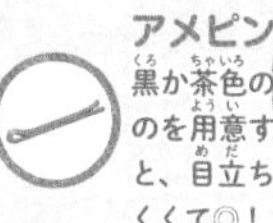

アメピン
黒か茶色のものを用意すると、目立ちにくくて◎！

1 トップの毛をとり分けたら、後頭部に向かってゆるく2～3回くらいあみこみして、ゴムで結ぶよ。

2 耳横のサイドの毛を2束に分け、それぞれねじりながら、後頭部に向かってツイストし、ダッカールで仮どめ。

3 反対側も同じようにツイストしてね。

4 1の毛束と、2 3のツイストの毛先をまとめて、ひとつに結ぶよ。

5 4の結び目の上にすき間をあけてくるりんぱしよう！

6 結び目を片手でおさえながら、あみこみやツイスト部分の毛を引き出してゆるめてね☆

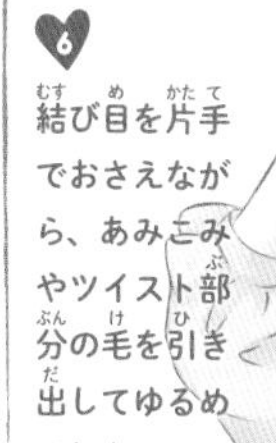

〜 HAIR ♥ ARRANGEMENT 〜

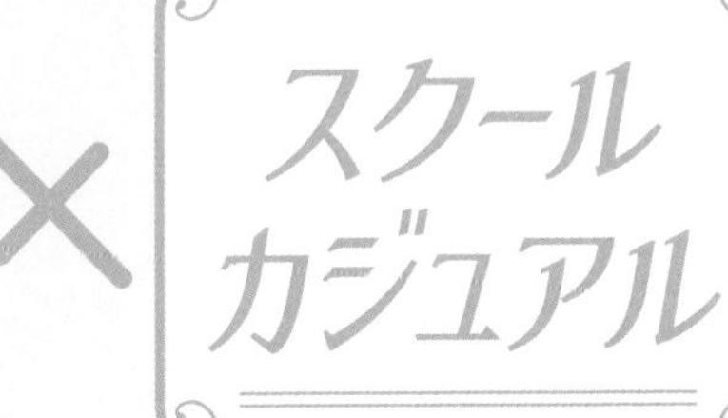

ロングヘア × スクールカジュアル

髪(かみ)の長(なが)さが鎖骨(さこつ)より長(なが)い

ロングヘア × スクールカジュアル の POINT

1. 学校(がっこう)の日(ひ)は低(ひく)めの位置(いち)でまとめると◎!
2. ヘアゴムは黒(くろ)や茶色(ちゃいろ)など目立(めだ)たないものに
3. 土日(どにち)はお気(き)に入(い)りのアクセではなやかさUP(アップ)♡

1週間(しゅうかん)ヘアアレ

月	火	水	木	金	土	日
131ページ	132ページ	133ページ	134ページ	135ページ	136ページ	137ページ

Long hair × School

ロングヘア × スクール

月曜日 いい子◎風おさげ

王道おさげはちょいゆるで！

用意するもの

ダッカール
分けた髪を仮にとめておくのに使うよ。

ヘアゴム
細めのシリコンゴムを２本用意。学校のルールが厳しい子は目立たない色で！

1. 髪全体を後頭部でふたつに分けるよ。片側はダッカールでとめてね。

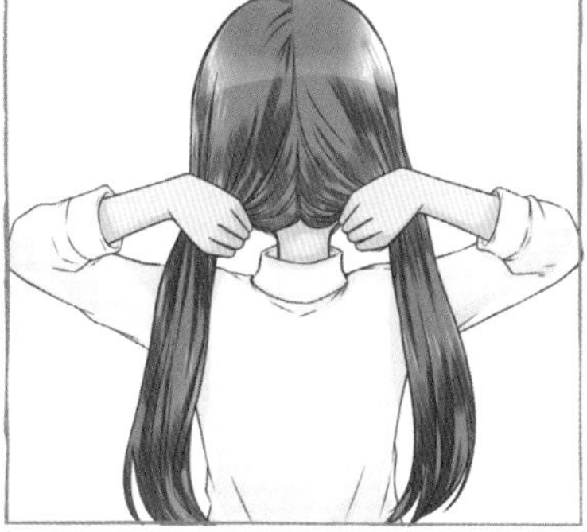

2. 片側からみつあみしていくよ。耳の横くらいから、きつめにみつあみしてね。

3. 結び目をおさえながら、あみ目の毛を引き出そう。上のほうのあみ目だけゆるめると◎。

4. 反対側も同じようにみつあみをして、あみ目をゆるめれば完成だよ。

Long hair × School

ロングヘア × スクール

火曜日 みつあみくるりポニー

シンプルポニーにナーテクが大切なの♪

用意するもの

ヘアゴム
リングゴム１本と、細いシリコンゴムを１本用意！

アメピン
目立ちにくい黒や茶色のものを１本用意して。

1 髪全体をざっくりまとめて、えり足でひとつ結びにするよ。結んだ毛束から、少しだけ毛をとって……。

2 とり分けた毛をさらに３つの束に分け、細いみつあみにして毛先をゴムで結ぼう。

3 2のみつあみを、1のゴムにぐるぐる巻きつけて、ピンでとめるよ。

4 巻いたみつあみのあみ目を指でゆるめよう。みつあみの存在感がアップするの♡

ロングヘア × スクール

水曜日 ロープあみツイン

くるくるねじるだけで一気にかわいい★

用意するもの

ダッカール
分けた毛束を仮どめしておくのに使うよ。

ヘアゴム
好きな太さのヘアゴムを2本用意しよう。学校ルールに合った色を選んで。

1
髪全体を後頭部でふたつに分けるよ。片側はダッカールでとめておこう。

2
まずは片側から。1で分けた毛束をさらにふたつに分け、それぞれ外側に向かって毛先まできつくねじってね。

3
ねじった2の毛束を、くるくるクロスさせるよ。このときは、内側に向かってねじってね。

4
毛先までツイストしてゴムで結ぶよ。反対側も同じようにツイストしよう！　このあみ方をロープあみというよ。

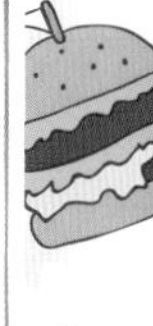

Long hair × School

ロングヘア × スクール

木曜日 シースルーローポニー

定番のローポニーを
シースルーバングで今っぽく

用意するもの

アメピン
目立たない黒や茶色のものを２本用意しよう。

ワックス
前髪に束感を出すのに使うよ。ほんの少しで大丈夫。

ヘアゴム
髪全体をまとめるから、リングゴムのほうが◎。

1
前髪の表面の毛をとり分けよう。分けた前髪はねじりながら横に流して、ピンでとめて。

3
髪を低めの位置でざっくりとひとつにまとめ、ゴムでひとつ結びにしてね。

2
ワックスを少量つけた指で、下ろしている前髪を少しずつつまみ、束感をつくろう。

4
3の毛束から少しだけ髪をとり、ゴムに巻きつけよう。ゴムをかくせたら、ピンでとめて。

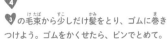

ロングヘア × スクール

金曜日 かち②おだんご

きっちりおだんごで優等生に見せちゃお♥

用意するもの

ヘアゴム
細めのシリコンゴムを３本用意しよう。

アメピン
黒か茶色のアメピンを、３本以上使うよ。

1 髪の毛を後頭部で３つに分け、ゴムで結ぶよ。３つの結び目の高さはそろえてね。

2 結び目の上と下を持って、上のほうを少しだけ引き上げておこう。ふんわり感が出るの♡

3 まずは中央から。結び目を中心に、毛束をねじりながら丸めていくよ。

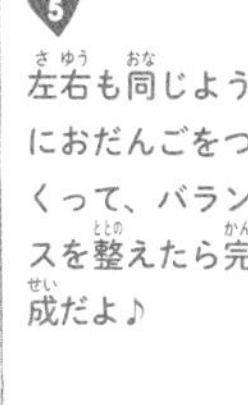

4 ヘアピンをさして固定するよ。毛先を内側に入れて、ななめにピンをさすとうまくとまるの！

5 左右も同じようにおだんごをつくって、バランスを整えたら完成だよ♪

Long hair × School

ロングヘア × スクール

土曜日 きっちり裏あみこみつあみ

あみこみ×みつあみでおしゃれ&かしこく★

用意するもの

ダッカール
分けた毛束を仮どめしておくのに使うよ。

ヘアゴム
細めのシリコンゴムがおすすめ。２本用意してね。

1
髪全体をふたつに分けて、片側はダッカールでとめておいてね。表面の毛をとり分けて３束に。

2
裏あみこみにしていくよ。まずは3つに分けたトップの毛を、１回裏みつあみして……。

3
耳下まで裏あみこみしていこう。左右交互に、下からくぐらせて中央へ……をくり返してね。

4
耳下はみつあみにするよ。裏あみこみの続きだから、裏みつあみにするとスムーズ！

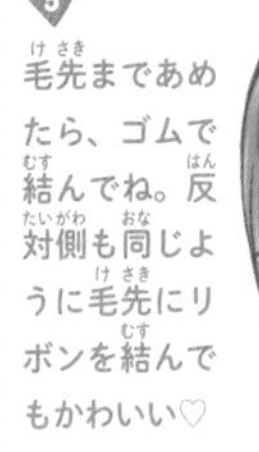

5
毛先まであめたら、ゴムで結んでね。反対側も同じように毛先にリボンを結んでもかわいい♡

Hello
Long hair × School
Lesson 2
長さ×テイスト別！ 1週間アレンジ
ロングヘア × スクール
日曜日 前髪ポンパポニー
お休みの日はポンパで大人っぽく
用意するもの
アメピン
前髪を固定するのに使うよ。何色でもOK。
ヘアゴム
髪を高い位置で結ぶから、太さがあるリングゴムがおすすめ。
1
まずは前髪をアップにする「ポンパドール」にしていくよ。前髪をとり分けて……。
2
上に持ち上げて2～3回ねじってね。
3
ねじった前髪を、少し前に向かって押し出すようにすると、ふんわり感が出る♡
4
ねじった部分をピンでとめて、前髪を固定してね。
5
ピンをおさえながら、ねじった部分から毛を引き出してふんわりさせよう。
6
残りの髪をざっくりまとめて、高めの位置でひとつ結びにしよう♪ 飾りゴムにしてもかわいいよ。
Hello

〜HAIR♥ARRANGEMENT〜

ミディアムヘア
髪の長さが
鎖骨くらい

×

ミディアムヘア × スクールカジュアル の POINT

1. 定番アレンジは"＋1テク"でおしゃれに！
2. "ゴムかくし"のワザも活用しよう☆
3. お休みの日は小物を使ってさらにかわいく♡

1週間ヘアアレ

139ページ

Hello
Medium hair×School
Lesson 2
ミディアムヘア×スクール
月曜日
クロスツインテール
フツーのツインテに見えてじつはワザあり！
用意するもの
ダッカール
毛束をとり分けておくのに使うよ。
ヘアゴム
シリコンゴムでもリングゴムでもOK。2本用意しよう。
1
サイドの毛束をとり分けて、ダッカールで仮どめしておこう。
2
残りの髪を、後頭部でふたつに分けるよ。
A
B
C
D
3
2の左側の毛束Bと、右サイドの毛束Dをひとつにまとめて。
D
B
4
B＋Dの束を右耳の下あたりで結ぶよ。
5
同じように、AとCの束をひとつにまとめて、左耳の下で結んでね！
Hello
長さ×テイスト別！ 1週間アレンジ

Medium hair×School
ミディアムヘア×スクール
火曜日 カール前髪×おさげ
前髪を内巻きにしたレトロなおさげヘア★
用意するもの
アメピン
前髪をとめておくのに使うよ。目立たない黒や茶色のものを1本用意してね。
ヘアゴム
毛先を結ぶから、細めのゴムでOK。学校ルールに合う色を選んでね。
1
トップ＋前髪を8：2に分けてね。
2
多いほうの前髪を2～3回内巻きにねじりながら横に流して耳にかけ、ピンでとめておくよ。
3
残りの髪を後頭部でふたつに分け、2の毛束も合わせて耳上あたりからみつあみにしよう。手前に引くようにあむとGOOD！
4
毛先をゴムで結んだら、あみ目をゆるめよう。反対側も同じようにみつあみにしてね。
ARMY
Hello

Hello
Medium hair×School
Lesson 2
ミディアムヘア×スクール
水曜日
トップアップハーフアップ
シンプルなハーフアップを持ち上げておしゃれに
用意するもの
ヘアゴム
目立ちにくい細めのシリコンゴムを、1本用意してね。
アメピン
黒や茶色のものを1本用意してね。ゴムかくしに使うよ。
1
耳上の毛をとり分けてね。ざっくりでOKだよ。前髪が長い子はいっしょにまとめちゃおう。
2
1でとり分けた毛束を高い位置で結んでね。
3
結んだ毛束から少しだけ毛をとり、2の結び目にぐるぐる巻きつけてピンでとめるよ。
4
結んだ毛束をおさえながら、トップの毛を上に引き出すよ。ふわふわ感を出したら完成！
Hello

Medium hair×School
ミディアムヘア×スクール
木曜日
ツインテみつあみMIX
ちびみつあみで定番アレンジをレベルUP♪
用意するもの
ヘアゴム
リングゴムを2本と、細いシリコンゴムを6本用意しよう。全部シリコンゴムでも大丈夫。
1
髪全体を後頭部でふたつに分け、耳の後ろあたりでふたつ結びにするよ。ざっくり分けて。
2
結んだツインテールの中で細いみつあみをつくるよ。毛束を少量とり分けて……。
3
2の毛束を毛先までみつあみして、ゴムで結ぶよ。
4
片側3本ずつ、計6本みつあみをつくったら完成だよ♪
Hello

ミディアムヘア×スクール

金曜日 ワザありくるりんツイン

Hello
4つのくるりんぱでヘアアレ上手に見せよ♪

用意するもの

ヘアゴム
あまり目立たない黒か茶色のシリコンゴムを4本用意してね！

1 髪全体を後頭部でふたつに分け、耳の後ろあたりでふたつ結びにしてね。

2 結び目の上にすき間をあけてくるりんぱ！　すき間がなくなるように引きしめてね。

3 反対側もくるりんぱしたら、1の結び目と毛先のちょうど中間くらいのところをゴムで結ぶよ。

4 2のゴムの上にすき間をあけて、もう一度くるりんぱしよう。反対側も同じように。

5 くるりんぱした部分の毛を指で引き出して、立体的にしたらできあがり☆

Medium hair×School
ミディアムヘア×スクール
土曜日 ふんすいおだんご
ミディアムでもつくれる
ソックバンドおだんご
用意するもの
ヘアゴム
目立ちにくい黒や茶色のリングゴムを2本用意してね。
ソックバン
ひとつ用意するよ。つくり方は194ページをチェック！
1
髪全体を頭のてっぺんでひとつ結びにしよう。
2
1の毛束をソックバンの輪の中に入れるよ。ソックバンを根もとまで下ろしてね。
3
髪をソックバンの上にかぶせていくよ。外からソックバンが見えないように、全体に均等にかぶせて……。
4
最後に、ソックバンの下の部分にゴムをパカッとかぶせるよ。形を整えたら完成☆
Hello

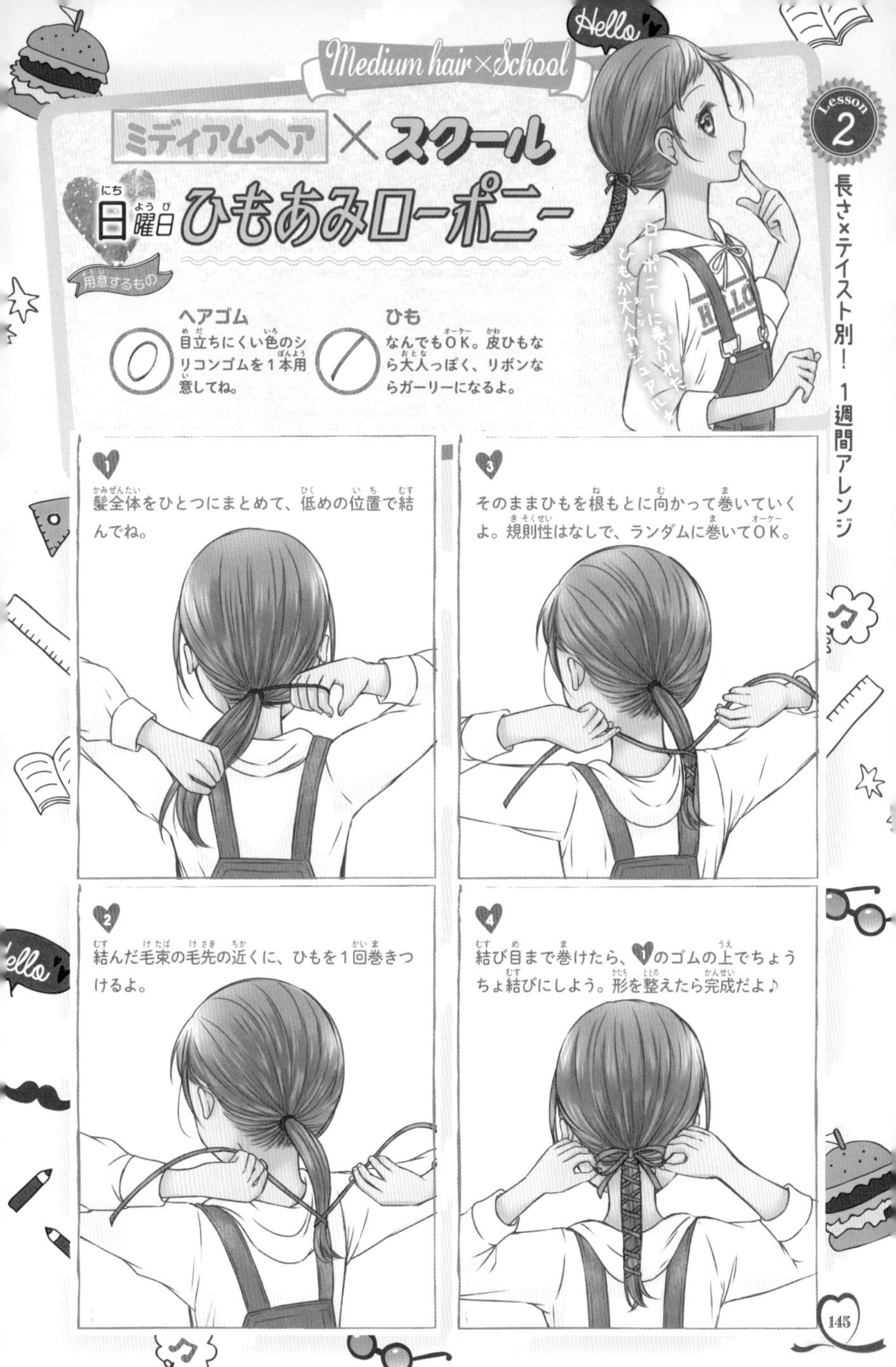

Medium hair×School

ミディアムヘア×スクール

日曜日 ひもあみローポニー

用意するもの

ヘアゴム
目立ちにくい色のシリコンゴムを1本用意してね。

ひも
なんでもOK。皮ひもなら大人っぽく、リボンならガーリーになるよ。

1 髪全体をひとつにまとめて、低めの位置で結んでね。

2 結んだ毛束の毛先の近くに、ひもを1回巻きつけるよ。

3 そのままひもを根もとに向かって巻いていくよ。規則性はなしで、ランダムに巻いてOK。

4 結び目まで巻けたら、1のゴムの上でちょうちょ結びにしよう。形を整えたら完成だよ♪

〜HAIR ♥ ARRANGEMENT〜

ショートヘア × スクールカジュアル

毛先が肩くらいまで

ショートヘア × スクールカジュアル の POINT

❶ ブローするだけでもグッとおしゃれになる!

❷ “かくし”や“ちょこっと”がキーワード☆

❸ お休みの日はコテを使ったアレンジに挑戦!

1週間ヘアアレ

月 火 水 木 金 土 日

147ページ 148ページ 149ページ 150ページ 151ページ 152ページ 153ページ

Hello
Short hair × School
Lesson 2
ショートヘア × スクール
月曜日 かくしリボンポンパ
ピンでつくるリボンがさりげな〜くかわゆい♡
用意するもの
アメピン
6本使うよ。さりげなくリボンをつくりたい子は、黒か茶色のアメピンを選んでね。
1
前髪をとり分けたら、上に持ち上げてねじるよ。ポンパドールのやり方は137ページも合わせてチェック☆
3
今度は、2のピンと対称になるように、V字型にピンをさしてね。
2
ピンをとめていくよ。まずは、アメピン2本で広めの"逆"V字型をつくるようにさして。
4
最後に、外側のふちをつくるようにして、ピンを1本ずつさすよ。これでリボンの完成♪
長さ×テイスト別！1週間アレンジ
Hello
147

ショートヘア × スクール

火曜日 今っぽ外ハネボブ

スタイリングだけでイマドキにイメチェン!★

用意するもの

ドライヤー
この髪型は、ドライヤーでのかわかし方が重要なの！

ヘアジェル
髪がくずれないようにヘアジェルを少しだけつけると◎。

髪がぬれている状態からスタートするよ。まずは、前髪を逆側に持っていきながらドライヤーを当てるよ。

次はサイド。髪の中央あたりに指を入れ、毛先に向かって外側に軽く引っぱるようにしながら、指を丸めて外ハネにしよう。ドライヤーは上から当てるよ。

後ろ側も、2と同じかわかし方で。毛先を外ハネにしながら、全体をかわかしてね。

完全にかわいたら、ヘアジェルを少しだけ手にとり、手のひらに広げるよ。その手で、毛先を中心にジェルをつけてね。

ショートヘア × スクール

水曜日 プチおだんごハーフアップ

ちょこんとつくるゆるおだんごがおしゃれ♪

用意するもの

ヘアゴム
細めのシリコンゴムを1本用意。目立たない色のものを選ぼう。

アメピン
黒か茶色のものを1本用意。おだんごをとめるのに使うよ。

1. 耳より上の毛を後頭部でまとめるよ。

2. 1の毛束を、ゴムでしっかり結んでね。

4. 毛束をねじりながら、結び目にくるくる巻きつけておだんごをつくろう。

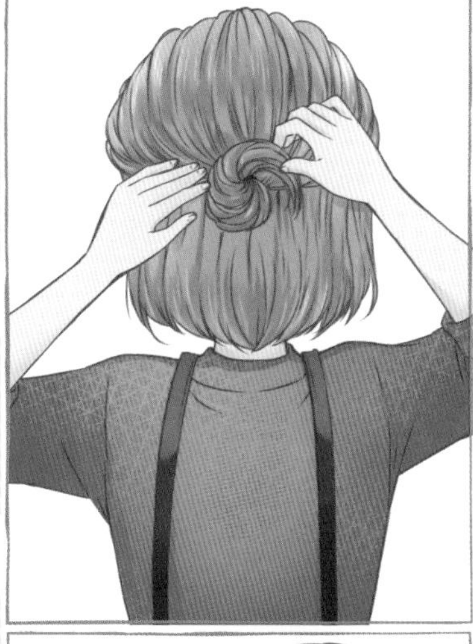

3. 結び目をおさえながら、表面の毛を引き出してふんわりさせておこう。

5. おだんごをピンで固定したら完成だよ☆

Short hair × School
ショートヘア × スクール
木曜日
ツイストハーフアップ
くるくるツイストすれば
視界良好なハーフアップに♪
用意するもの
ダッカール
ツイストした毛束を仮どめするために使うよ。
アメピン
目立ちにくい黒や茶色のピンを1～2本用意しよう。
1
サイドの毛を、耳より前と後ろでふたつに分けて、両手で持つよ。
2
分けた2本の毛束をくるくるツイストさせていってね。
3
片側があめたら、毛先をダッカールでとめておこう。反対側も同じようにツイストしてね。
4
左右のツイストを後頭部でひとつに合わせ、ピンでさしてとめたら完成だよ♪
Hello
Hello

Short hair × School

ショートヘア × スクール

金曜日 いい子◎風内巻きボブ

内側にくるんと巻けば大人っぽ&かしこさ満点！

用意するもの

ドライヤー
この髪型は、ドライヤーでのかわかし方が重要になるよ。

ブラシ
髪を内巻きにするのに使うよ。ロールブラシでもOK。

1 髪がぬれている状態からスタート。トップのこの範囲からかわかしていくよ。

2 まずは、前髪を逆側に持っていきながらドライヤーを当てるよ。

3 トップの毛も、つかんで反対側に持っていきながらかわかしてね。

4 サイドの毛をかわかすときは、すこしうつむき気味になり、髪を前に持っていきながら！

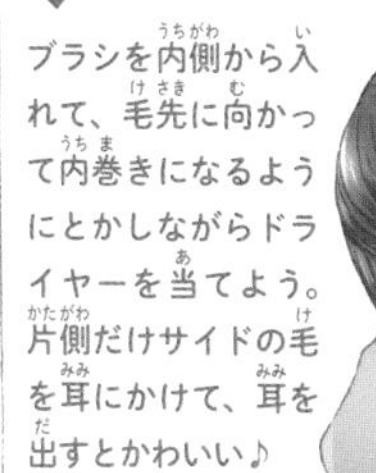

5 ブラシを内側から入れて、毛先に向かって内巻きになるようにとかしながらドライヤーを当てよう。片側だけサイドの毛を耳にかけて、耳を出すとかわいい♪

Short hair × School
ショートヘア × スクール
土曜日 おっきめあみこみツイン
髪が短くたって
あみこみはできるのだ～
用意するもの
ヘアゴム
細めのシリコンゴムを2本用意するよ。色は何色でもOK！
ダッカール
すぐにあまないほうの毛束を仮どめするのに使うよ。
1
前髪を残し、髪全体をふたつに分けるよ。ざっくりでOK。
2
分けた毛束を、トップから大きめのあみこみにしていこう。
3
耳下まであめたらゴムで結んでね。
4
結び目をおさえながら、あみ目を少しだけ引っぱり、ゆるめるよ。
5
反対側も同じようにあみこみしたらできあがりだよ♪
Hello
Hello

ショートヘア × スクール

日曜日 おすましショートパーマ

コテで巻いて あこがれのパーマ風ヘアに

用意するもの

ダッカール
ダッカールでとめておくと、巻く毛がわかりやすいの♪

コテ
カール用のコテ。細めのものが◎。使い方は 192 ページをチェック。

ワックス
巻いた髪の形をキープするのに使うよ。

1. トップの毛はあとで巻くよ。ダッカールで仮どめしておこう。

2. コテで巻いていくよ。まずは毛先から、外ハネと内ハネを交互に巻いていこう。

3. 顔まわりの毛は、両サイドとも内巻きにするよ。

4. 1でとり分けた毛束を下ろすよ。トップの毛は、外巻き、内巻きランダムにすると、ふんわり動きが出るの♪

5. 前髪は、7：3に分けて、内巻きに！

6. 最後に、髪全体にワックスをなじませたら完成だよ！

お似合いヘアに変身

自分の顔に合うヘアスタイルを知ろう！

お似合いのヘアスタイルを見つけるカギは、「顔の形」にあるって知ってた？　お似合いヘアの特ちょうは、顔の形によってガラリと変わってくるから、まずは自分の正しい顔型をきちんと知ることが大切なの！　ここでは、顔型診断とイチオシのヘアスタイルを紹介するよ。

顔の形かぁ～。今までなんとなく髪を切ってもらっていたかも…。

first! 自分の顔型をチェックしよう

鏡で自分の顔を見て、リストのあてはまるものに☑を入れてね。全部答えたら、☑の数を数えて右のページで確認してみよう。

☑チェック①
- □顔のよこ幅とたて幅がほとんど同じ長さ
- □ほおがふっくらしている
- □あごが丸みをおび、とがっていない
- □おさなく見られがち

☑チェック②
- □顔のよこ幅よりたて幅の方が長い
- □あごが細長く、すっきりとしている
- □目と目の間かくが少しせまい
- □大人っぽく見られることが多い

☑チェック③
- □顔のよこ幅が広め
- □おでこが広く、生えぎわのラインが真っすぐ
- □骨格がしっかりして、えらが気になる
- □男の子っぽい顔立ちをしていると思う

☑チェック④
- □顔の上半分はよこ幅が広く、下半分はせまい
- □あごが細く、シャープな印象
- □ほおの骨が少しはっている
- □キリッとした印象をもたれやすい

\ result! /

あなたの顔型タイプはこれだよ！

左ページでいちばん☑の数が多かったリストがあなたの顔型だよ！
同じ数の☑がついた場合は、両方の顔型の特ちょうをもっていることになるよ。

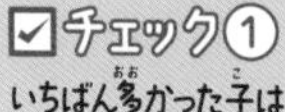
☑チェック①
いちばん多かった子は

丸顔 タイプ

顔が丸く、ほおがふっくらとしているタイプ。かわいらしい顔立ちから、おさない印象をもたれやすいよ。

156ページをチェック！

☑チェック②
いちばん多かった子は

たまご顔 タイプ

顔がたてに長く、すっきりとしているタイプで、「面長」と呼ばれることも。年齢が少し上に見られることが多いよ。

157ページをチェック！

☑チェック③
いちばん多かった子は

ベース顔 タイプ

顔がよこに長く、骨格がしっかりしているタイプ。えらがはっていて、やや「四角い」印象があるよ。

158ページをチェック！

☑チェック④
いちばん多かった子は

逆三角顔 タイプ

キュッとシャープなあごで、おでこが広いタイプ。ほおがすっきりしていて、クールな印象をもたれやすいよ。

159ページをチェック！

丸顔（まるがお）タイプ

おすすめヘアスタイル

前下（まえさ）がりボブは小顔効果（こがおこうか）バツグン！

丸顔タイプは、"たて幅"を出して、顔をすっきり小顔に見せよう。おすすめは、顔まわりの毛を長めに残し、前髪にすき間をつくった前下がりボブ。サイドの毛が、ほおの丸みをカバーしてくれるの♪

丸顔タイプ NGのヘア

広めのぱっつん前髪は顔のよこ幅を強調してしまうよ！ あごラインで切りそろえたショートヘアもさけてね。

～長さ別（ながさべつ）おすすめヘア～

ショート

トップを盛って
首まわりはすっきり♪

トップにボリュームを出し、サイドを短くカット！ すっきりとした、キレイなたてラインがつくれるよ。

ミディアム

輪郭の毛をざくざく
シャギーにカット！

両ほほの髪をシャギーにカットしよう。ななめに入ったシャギーは、顔をほっそり見せる効果があるの☆

ロング

顔にそってINして

ふわふわカールでかわいらしさは残しつつ、ほおやあごまわりの丸さをカバーできるよ。前髪はセンターパートに！

たまご顔タイプ

ふんわり内巻きカールでサイドにボリュームを

たまご顔タイプは、顔のたて幅を短く見せることが大切！　前髪を重めにつくったり、トップのボリュームをおさえてみて。あごでふんわりカールしたボブヘアなら、カール部分が横にボリュームをつくってくれる♪

たまご顔タイプ NGのヘア

センターパートは、おでこからあごまでの長さが強調されちゃうからさけたほうがいいかも。前髪はできるだけつくるべし！

～長さ別おすすめヘア～

ショート

耳よこにやわらかい
ボリュームを出して

耳のよこにボリュームをもたせたショートボブがおすすめ！　まあるいシルエットでやわらかな印象に♪

ミディアム

目ヂカラもアップ！

ぱっつん前髪は、顔の長さをおさえつつ、目をぱっちり大きく見せられるよ。両はしをラウンドカットするのも◎。

ロング

ふんわりロングに
上級テクをプラス♪

あご下の髪にゆるく「くびれ」のカールをつけてみて。顔のたて幅をおさえつつ、おしとやかな雰囲気になれちゃう♡

ベース顔タイプ おすすめヘアスタイル

イチオシ★ヘア

ふんわり毛先でフェイスラインをカバー

ベース顔タイプは、えらのはりをカバーすることが大切！　顔まわりの毛をふんわりボリュームアップさせると、ほお骨やえらを自然にぼかせるよ。前髪はせまめにとって、“四角さ”をおさえよう。

ベース顔タイプ NGのヘア

ぱっつん＆耳かけヘアはやめたほうがいいかも。骨格がまったくかくれないし、顔のよこ幅が強調されちゃうよ。

～長さ別おすすめヘア～

ショート

毛先とえらのライン
をつなげよう！

サイドが短めの前下がりボブは、毛先をあごのラインでそろえることで、すっきりシャープな印象に。

ミディアム

センターパートで
顔を細見せ！

センターパートは、たて長効果で顔をすっきり細見せしてくれるよ！　毛先はあご下でワンカールさせてみよう♪

ロング

ゆるふわカールで
えらを自然にカバー

サイドの髪の中間～毛先にかけてゆるふわカールをつけてみて。ほおやえらを自然にカバーできちゃうよ☆

逆三角顔タイプ

おすすめヘアスタイル

イチオシ★ヘア

あごまわりに動きをつけてやわらかな印象に

逆三角顔タイプは、あごが小さくとがっていて、きつい印象に見られがち。あごまわりに動きをつけたヘアスタイルにすることで、やわらかい雰囲気をプラスできるよ。前髪は厚めにとると、温かみのある印象になれるの♪

逆三角顔タイプ NGのヘア

ベリーショートは、全体のバランスに対し、トップにボリュームが出すぎて、顔の逆三角を際立たせてしまうよ。

～長さ別おすすめヘア～

ショート

えり足をピョコンと
はね上げて！

耳より下の毛先をピョコンとはね上げて、あごのラインをよこ長に見せちゃおう！　前髪はななめにすると◎。

ミディアム

前髪にシャギーを
入れて動きをプラス

前髪を長めに分けたら、シャギーを入れて動きをつけよう。軽やかで大人っぽいイメージになるよ！

ロング

ランダムなゆるカールで
ガーリーに♡

あご下の髪からランダムにゆる巻きしたスタイル。守ってあげたくなるような、ゆるふわガールに大変身♡

let's go

ヘアサロンデビューしよう！

ヘアサロンへ行く前に大切なことは？

自分の顔型や似合うスタイルがわかったらヘアサロンへ行ってみよう！　でも行く前に、行きたいお店への「予約」が必要だよ。お店に電話して、名前と希望日時、連絡先を伝えてね。予約しないでいきなり行くと、ほかの人の予約がいっぱいで、長時間待つことになったり、カットを断られてしまうことがあるから、かならず予約を！

予約した日時に
行けなくなったら
早めにキャンセルしてね！

3つのポイントに気をつけよう！

ポイント1　どんなヘアスタイルにするか決めておこう

サロンへ行くときは、どんなヘアスタイルにするか前もって決めていこう。迷っているなら、いくつかやりたいスタイルの案を持参して美容師さんに相談しながら決めてもOK！

ポイント2　いつもどおりのコーデで行こう

ふだんから着ている服で行けば、コーデの雰囲気に合ったヘアスタイルにしてもらえるよ。カット中は首もとがつまったカバーをかぶるから、首まわりがゆったりした服を着るといいよ！

ポイント3　前日の夜にシャンプーをしよう

サロンではカット前にシャンプーをしてもらえることが多いから、行く直前ではなく、前日の夜にシャンプーしておけば大丈夫。念のため予約のときに確認しておくのがおすすめだよ。

ヘアサロンでの流れはこう！

受付をしたらヘアスタイルを相談！

予約時間の５～10分前にはサロンに到着してね。万が一遅刻しそうになったら、すぐにサロンへ連絡を！　到着して受付をすませたら、美容師さんにどんなヘアスタイルにするか相談しよう。

シャンプーをしてもらおう

カバーをつけたらシャンプー台でシャンプーしてもらうよ。洗い足りないところやかゆいところがあったら、美容師さんにきちんと伝えてね。途中で美容師さんが聞いてくれることもあるよ。

カットしてもらうよ

いよいよカットしてもらうよ！　このとき、むやみに頭を動かすと迷惑になるからやめようね。眠るのもできるだけ避けて。カット中も、長さやイメージが相談したとおりか、鏡で確認してね。

ブローして仕上げのセット！

ぬれた髪をかわかしながらセットしてもらうよ。このとき、おうちでも同じセットができるように、美容師さんに正しいブローのやり方やうまくスタイリングする方法を聞いておこう！

鏡で仕上がりを確認しよう

かわいた状態で軽く調整したら完成！　手鏡でサイドやバックの仕上がりを確認するよ。もしも気になるところや切り足りないなと感じるところがあれば、このタイミングで伝えよう。

帰り支度＆レジでお会計

帰り支度を整えたら、レジでお会計をしよう。担当してくれた美容師さんの名前を覚えておくと、また同じ人にお願いできるよ！　担当してもらう人を指定することを「指名する」というんだ♪

ヘアサロンのQ&A

Q 美容院と理容室のちがいってなあに？

A

してもらえることはほとんどいっしょだよ。だけど、美容室はデザインが上手で、ファッションに合ったヘアスタイルにしてくれるから、おしゃれを目指すなら美容室がおすすめなんだ。

Q カット中は雑誌を読んでてＯＫ？

A

案内された席に置かれている雑誌は、美容師さんがあなたに合うものを選んでくれているから読んでもＯＫ！　ただし雑誌に夢中になっちゃって、下を向きすぎないように気をつけてね。

Q 家に帰ったあとで、髪を直してもらいたくなったら？

A

「１週間以内なら無料で直す」など、お店によってルールがちがうから、早めに美容室に電話して直してもらえるか聞いてみよう。できれば完成後にしっかり確認して、気になるところはその場で直してもらうようにしてね。

Lesson 3

春夏秋冬（はるなつあきふゆ） イベント&シーン別（べつ）アレンジ

今日は運動会！

今日はみつあみカチューシャにしてみよう！

うーん…かわいいんだけど運動会は走ったりとんだりするから…
みつあみカチューシャだと髪がじゃまになっちゃうかも

運動会なら髪はアップにしたほうがいいかもね
たしかに…！
こんな風になったら困るもんね

イベントやシーンに合ったヘアアレにすることも大事だよ！

運動会にぴったりなハチマキを使ったヘアアレを教えてあげる！
本当!?
ネオちゃんかわいい～～♡
にこ、ありがとう！ほめてもらえたよ～
ピコン
ハリ ギンガ

始業式×おしゃせいそ

Opening ceremony

くるりんぱ
玉ねぎツイン

サイドくるりんみつあみ

くるりんぱ玉ねぎツインのやり方

1 髪全体を後頭部でふたつに分け、耳の下あたりでふたつ結びにするよ。

サイドくるりんみつあみのやり方

1 トップの毛をとり分けたら、片側に寄せて耳からななめ上くらいのところで結ぶよ。

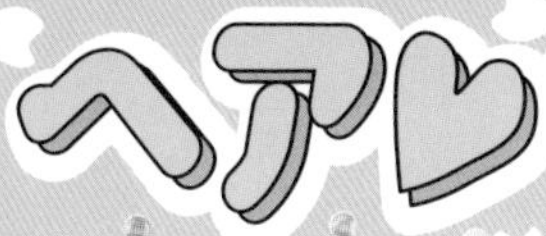

春は、新しい出会いの季節…♡
せいそなヘアでまとめれば、初対面の印象は完ぺきだよ☆

2 ①の結び目の上にすき間をつくり、毛先を通してくるりんぱ！

3 ①の結び目から3㎝くらいをゴムで結ぶよ。毛を引き出して丸くして。

4 ③の結び目の下も結んで丸くしよう。反対側も同じようにしてね★

Opening ceremony

2 ①の結び目の上にすき間をあけて、くるりんぱ。くるりんぱ部分の毛を引き出してふんわりさせて。

3 耳の近くにある毛を左右から集めて、①の結び目の少し下で合わせて結ぶよ。これもくるりんぱ！

4 残った毛をすべて③の下あたりに集めてみつあみにし、毛先をゴムで結べば完成だよ！

イースター×バニー風

みつあみ
うさ耳ヘア

ふわふわ
ツインテール

みつあみうさ耳ヘアのやり方

1 髪全体を後頭部でふたつに分け、高めの位置で結んでツインテールに。

ふわふわツインテールのやり方

1 髪全体を後頭部でふたつに分けて、耳より3㎝くらい上でふたつ結びにするよ。

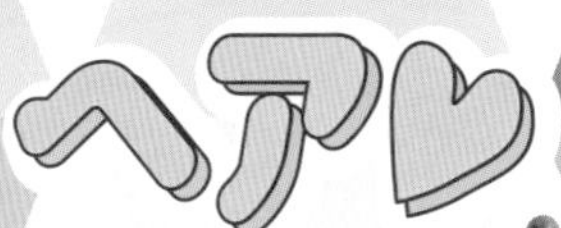

春のキュートなイベントといえばイースターだよね♪うさぎをモチーフにしたアレンジに挑戦しよっ☆

2 1の毛束をさらに3つに分け、きつめにみつあみしよう。毛先をゴムで結んでね。

3 みつあみを3～4㎝くらいの高さになるように折り曲げて……。

4 毛先を1の結び目に巻きつけて、ピンで固定。反対側も同じく「うさ耳」をつくろう！

Easter party bunny

2 1の結び目の上にすき間をあけ、毛束を内側から外側に向かって逆りんぱ！　毛束をふたつに分け、結び目を引きしめて。

3 毛束を、逆りんぱの上にかぶせるようにして、後ろから前に持ってくるよ。

4 3のかぶせた部分にヘアピンをさして、固定したら完成だよ☆

修学旅行×うきうき

School excursion

あみこみ
カチューシャツイン

ぐるぐる
みつあみポニー

あみこみカチューシャツインのやり方

1 トップの毛を7：3に分けるよ。多いほうの毛をとり分けておいてね。

ぐるぐるみつあみポニーのやり方

1 髪全体を後頭部に集め、高めでポニーテールにするよ。前髪や後れ毛も全部しまうと◎。

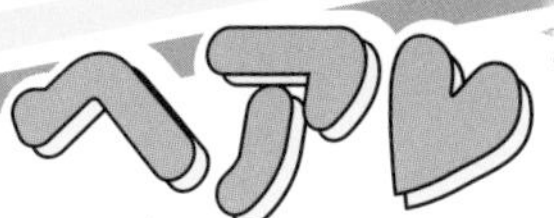

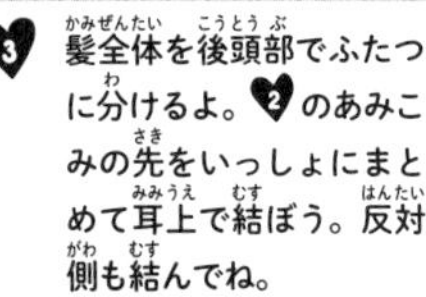

学校生活でいちばん楽しみなイベントといえば、修学旅行♡♡
うきうき気分を盛り上げるヘアアレでハッピーに♪

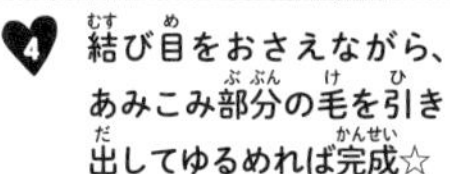

2 分け目から、サイドに向かってあみこみしていこう。耳の上くらいまであめたら仮どめしておいて。

3 髪全体を後頭部でふたつに分けるよ。2のあみこみの先をいっしょにまとめて耳上で結ぼう。反対側も結んでね。

4 結び目をおさえながら、あみこみ部分の毛を引き出してゆるめれば完成☆

School excursion

2 1から少しだけ毛束をとり分けるよ。この毛束を毛先までみつあみしてゴムで結んでね。

3 2のみつあみを、1の毛束にぐるぐる巻きつけていこう！

4 細いシリコンゴムで毛先を結び、巻きつけたあみ目の位置を整えたら完成だよ☆

雨の日×くずれない

みつあみおだんごツインのやり方

1 髪全体を後頭部でざっくりふたつに分けるよ。片側はダッカールでとめておいてね。

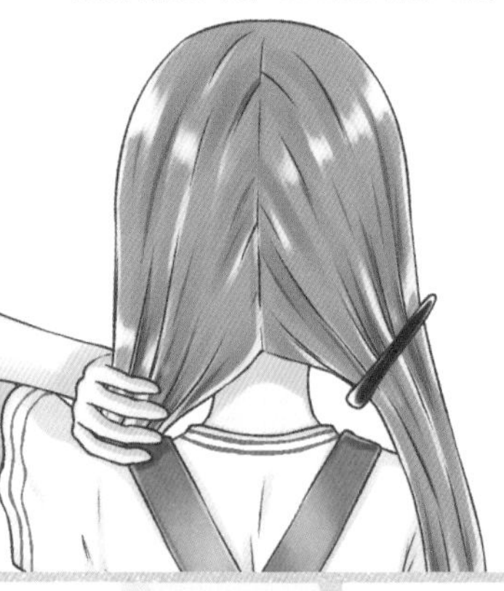

きっちりみつあみアップのやり方

1 髪全体を片側に集め、耳の下あたりでゴムでひとつに結ぼう。ブラシを使ってキレイにまとめるとGOOD！

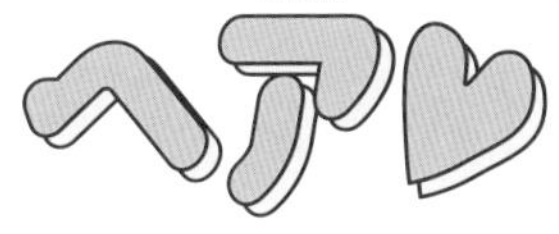

梅雨は髪がうねったり
アレンジがくずれたりって
悩みが多いんだよね。
もやもやを吹きとばす
アレンジをマスター☆

2 1で分けた毛束を耳の後ろで結ぶよ。最後の1回は毛束を通しきらずに、小さなおだんごにしてね。

3 わっかの下の毛をみつあみ。毛先まであんで、ゴムで結ぼう。

4 おだんごにみつあみした毛束を巻きつけて、毛先をピンでとめて固定しよう。反対側も同じように。

Wet day HAIR

2 1の毛束を、太い毛束1本、細い毛束2本の計3束に分けてね。

3 3つの束をそれぞれみつあみし、毛先をゴムで結ぶよ。いちばん太いみつあみは、指であみ目をゆるめてね。

4 毛束を3本とも頭頂部を通して反対側の耳まで持っていくよ。毛の長さに合わせてぐるっとまわし、それぞれの毛先をピンで固定しよう。

夏祭り×ゆかた大人っぽ

ねじり大人アップのやり方

1 髪が短めの子もできるよ！　顔まわりに後れ毛を残し、左右の耳より上の毛を左に寄せてゆるく結ぼう。

エレガントオールバックのやり方

1 耳の上の毛を手ぐしでざっくりとり分けて。前髪もすべて後ろに持ってくるよ。

夏の一大イベント
夏祭り＆花火大会！
ゆかたにぴったりの
大人っぽいヘアアレで
お祭りを楽しもう♪

Summer festival

2 右側の耳あたりから、毛をねじりながら左に集めるよ。ねじった毛束を 1 のゴムをかくすようにかぶせて、ピンでとめて。

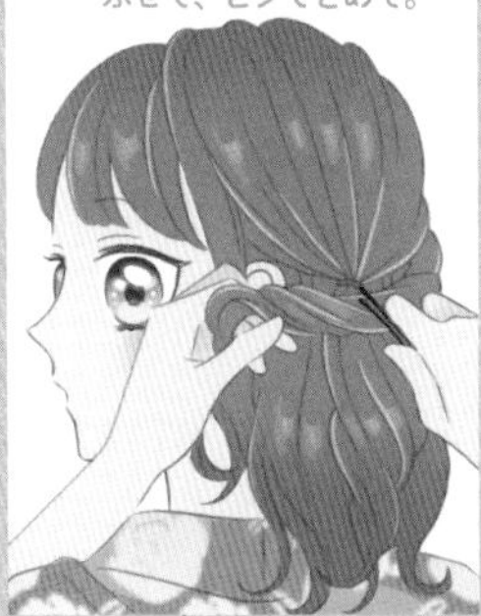

3 左耳あたりの毛をまとめてねじり、1 のゴムをかくすようにかぶせてピンでとめるよ。

4 まだねじっていない残りの髪をまとめてねじり上げ、耳の後ろでピンでとめたら完成だよ！

2 1 で集めた毛を後頭部でひとつ結びにし、くるりんぱ！ 毛束を左右に引っぱり、結び目を引きしめてね。

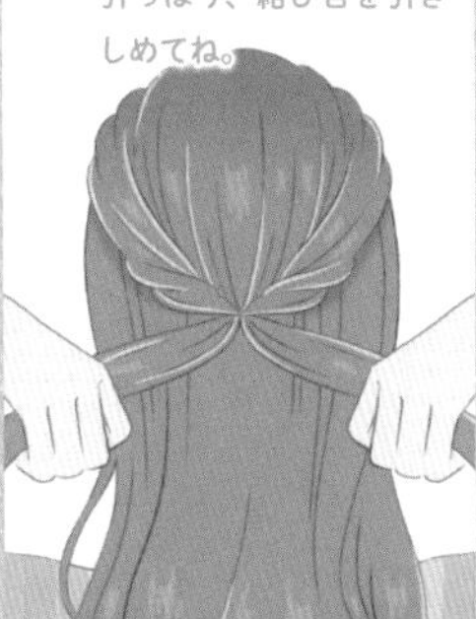

3 残りの毛をまとめて、後頭部でひとつ結び。その毛束を、毛先までみつあみしてね。

4 3 のみつあみを結び目を中心にしてぐるぐる丸めよう。毛先を中に入れて、4～5か所ピンをさして固定して。

プール×ぬれてもOK

ぽこぽこかっちりツインのやり方

1 髪全体をセンターで分けるよ。まずは左側から、トップの表面の毛をすくって高い位置で結んでね。

ぽんぽんてっぺんポニーのやり方

1 髪全体を、ブラシを使って後れ毛が出ないようきっちり集めてね。後頭部の高めの位置で結ぶよ。

ヘアレ

夏に行きたいスポット
プール＆海水浴場☆
ぬれてもかわいい
ポップなヘアアレで
めいっぱい楽しも☆

Lesson 3

春夏秋冬☆イベント＆シーン別アレンジ

2 1の結び目から3cmくらい下を、1の毛束とあわせて結ぼう。

3 2と同じように、結び目の下の毛と合わせて結ぶのをくり返したら、左側の髪をまとめて耳下で結んでね。

4 耳下の毛をみつあみして、毛先をゴムで結ぶよ。反対側も同じように！

pool hair arrange

2 1の毛束を、さらに3つに分けるよ。ダッカールで仮どめしておいてね。

3 2で分けた毛束を、それぞれ5～6か所間隔をあけて結ぶよ。

4 ゴムとゴムの間の毛を引き出して、まあるくしたら完成！

Theme park

お姫さま風ぽこぽこ

BIGな耳っぽおだんご

お姫さま風ぽこぽこのやり方

1 前髪とトップの毛を合わせて持ち、後頭部の高めの位置でひとつに結んでね。

BIGな耳っぽおだんごのやり方

1 髪全体を後頭部でふたつに分け、耳より高い位置でふたつ結びにするよ。後れ毛が出ないようにきっちりまとめて。

ヘアレ

遊びに行きたいスポットNo.1！テーマパークにいくならキャラクターみたいなアレンジはいかが？

Theme park

2 ❤1の結び目から5㎝くらいのところで、耳上の毛を集めてね。❤1の毛といっしょにしてゴムで結ぼう。

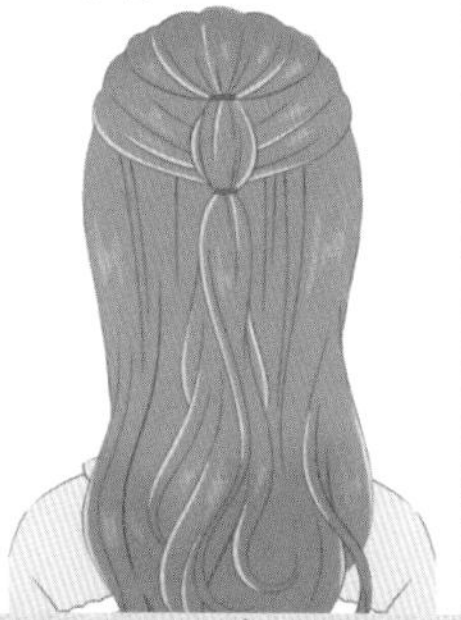

3 ❤2と同じように後頭部まで結ぶよ。えり足まで結んだら、残りの毛はひとつ結びし、5㎝間隔で毛先まで結んでね。

4 結び目と結び目の間の毛を指で引き出して、まあるくするよ。結び目にリボンを巻いてもかわいい！

2 ❤1の毛束に逆毛を立てるよ。毛先から結び目に向かってコームを入れてふわふわにしよう。

3 ❤1の毛束を結び目に巻きつけておだんごをつくろう。毛先を一度アメピンでとめておいて。

4 最後に、Uピンをさして毛が飛び出ないようにして。反対側も同じようにおだんごをつくり、形を整えてね♪

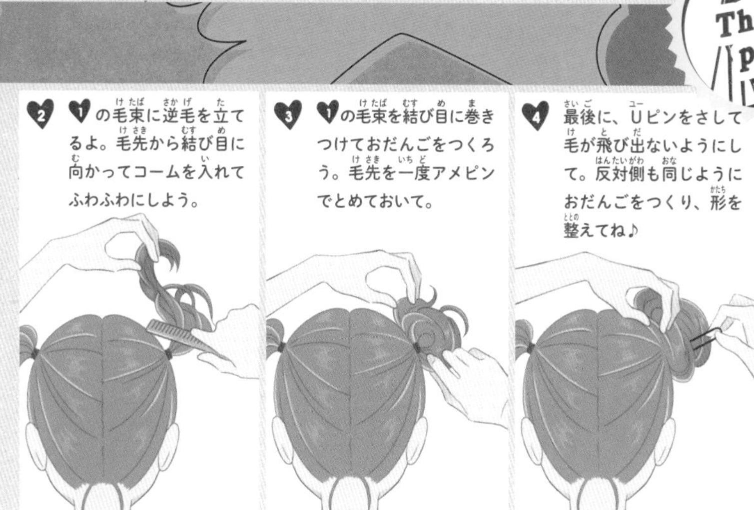

運動会(うんどうかい)×ハチマキMIX

くまっぽ
ハチマキツイン

Sports day

おだんご
リボンハチマキ

くまっぽハチマキツインのやり方(かた)

1 ハチマキでくまの耳(みみ)をつくるよ。わっかをつくって、その輪(わ)に指(ゆび)を入(い)れてね。

おだんごリボンハチマキのやり方(かた)

1 おだんごをつくるよ。髪全体(かみぜんたい)を後頭部(こうとうぶ)に集(あつ)めて、高(たか)めの位置(いち)でひとつ結(むす)びに。

運動会では、ハチマキを巻く学校も多いよね。ハチマキをＭＩＸしたキュートなアレンジをふたつ紹介するよ〜！

Sports day

2 イラストのようにわっかにハチマキを通して、指で引っぱろう。この部分が耳になるよ。

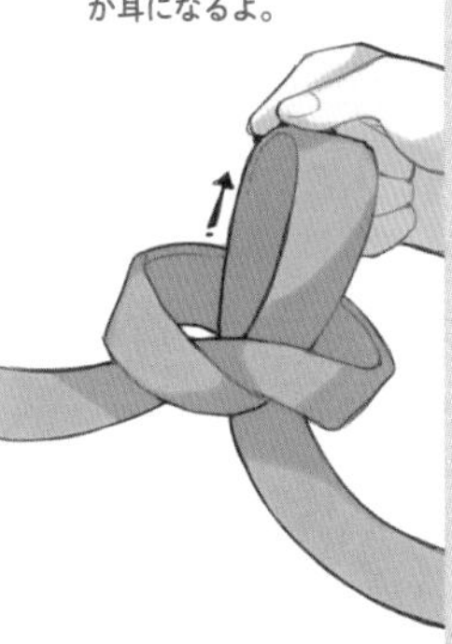

3 2のわっかの形を整えたら、結び目の下のところを、一度結んでね。わっかはふたつつくろう。

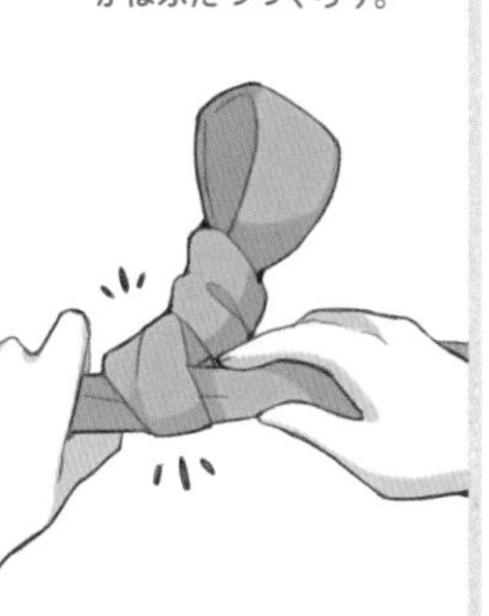

4 髪は、耳下でふたつ結びにしておこう。3のハチマキをつけて、後頭部で結べば完成だよ♪

2 1の毛束を結び目に巻きつけたら、毛先にピンをさして固定するよ。おだんごの形を整えてね。

3 ハチマキをおだんごの根もとに巻きつけよう。

4 3で巻きつけたハチマキを、リボン結びにしたらできあがり！

合唱祭×かしこガーリー

Sing Song

逆りんぱ
ハーフアップ

大人っぽ
クロスポニー

逆りんぱハーフアップのやり方

1 耳より上の毛をひとつにまとめて、後頭部でゴムで結ぶよ。結び目の上にすき間を開けて、逆りんぱしてね。

大人っぽクロスポニーのやり方

1 耳より上の毛を後頭部に集めて、ゴムでひとつに結んでね。

みんなの前で歌う
合唱祭のヘアアレは
かしこ見せが叶う
ガーリーなヘアアレで
決まりだね☆

2 1の毛束の、結び目を引きしめよう。毛束を1:3くらいに分け、多いほうをぐるぐる毛先までねじってね。

3 ねじった2の毛束を少しななめに流し、ヘアピンでとめて固定するよ。

4 ねじった毛束を指で引き出してふわふわ感をアップさせたらできあがり♪

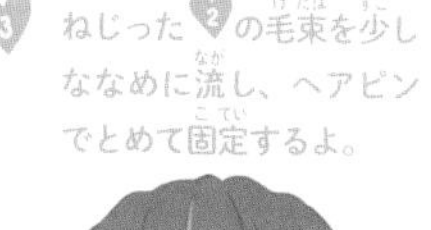

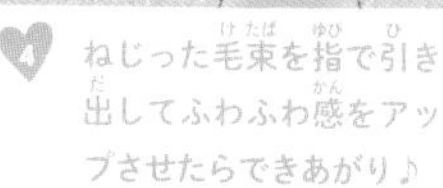

2 左耳のまわりの毛をとり分けるよ。それをふたつに分けて、2本の毛束をツイストさせてね。

3 2の毛束を、ハーフアップの結び目の右ななめ上の毛の、"下"を通すよ。時計まわりに結び目に巻きつけて、ピンでとめて。

4 右耳のまわりの毛も2〜3と同じようにツイストさせてから巻きつけて、ピンでとめよう。

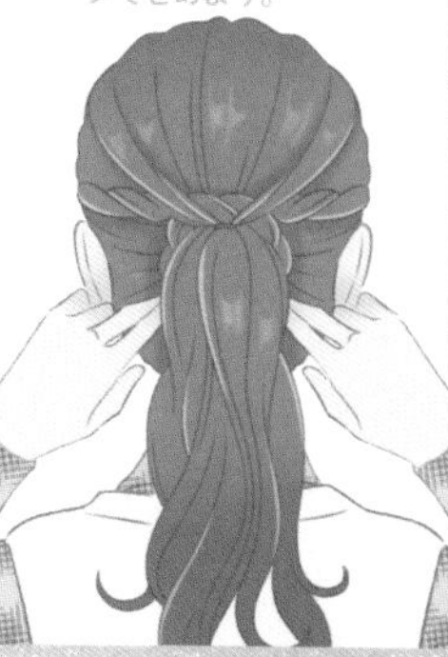

ハロウィーン×コスプレ

Halloween Cosplay

みつあみ
ねこ耳風ヘア

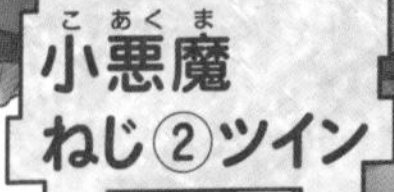

小悪魔ねじねじツインのやり方

1 ヘアジェルというスタイリング剤を使うよ。髪を後頭部でふたつに分け、耳の上で結んだら、毛束にジェルをつけて。

みつあみねこ耳風ヘアのやり方

1 ねこ耳をつくりたい位置の少し上の毛をとり、細いみつあみにするよ。毛先はゴムで結んでね。

ハロウィーンといえば
かわいいコスプレ♡♡
定番の小悪魔&ネコの
コスプレにぴったりな
ヘアアレにトライしよ♪

Halloween Cosplay

2 1の毛をふたつに分けて、両方の毛束を時計まわりにねじろう。

3 2の毛束を、今度は反時計まわりにツイストさせるよ。毛先までツイストしたらゴムで結んでね。

4 毛先をピンでとめて、ドライヤーをかけよう。かわいたらカチューシャをつけてね☆

2 1のみつあみの中心に、モールや針金を差しこもう。頭皮にささらないように、はしを丸くしておいてね。

3 みつあみを折り曲げて耳の形をつくるよ。針金が入っているから、形がくずれないの♡

4 毛先をピンでとめたらねこ耳のできあがり♪　反対側も同じようにやってみてね。

クリスマス×パーティー

Christmas Party

逆りんぱ♡みつあみ

ぽわぽわ毛糸MIXツイスト

逆りんぱ♥みつあみのやり方

1 耳より上の毛をとり分けて、後頭部でひとつにまとめて結ぶよ。

ぽわぽわ♥ツイストのやり方

1 トップの毛を、イラストのように前後、左右で４つに分けて、それぞれゴムで結んでね。

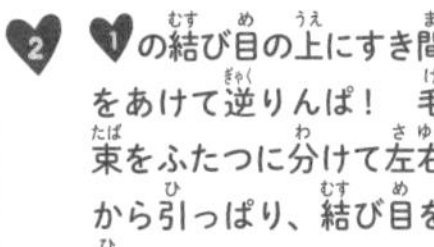

メリークリスマス！
すてきなクリパには
とっておきの
パーティーヘアアレで
参加しよう♡

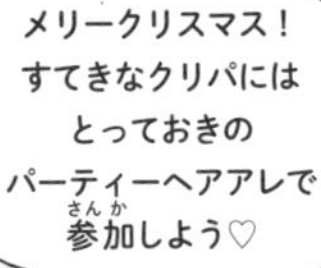

Christmas Party

❷ ❶の結び目の上にすき間をあけて逆りんぱ！ 毛束をふたつに分けて左右から引っぱり、結び目を引きしめてね。

❸ ❶の毛束をふたつに分けたら、それぞれみつあみしていくよ。毛先まであんでゴムで結んでね。

❹ 2本のみつあみでハートの形をつくり、まとめてゴムで結ぼう。リボンをつけるとかわいいよ♡

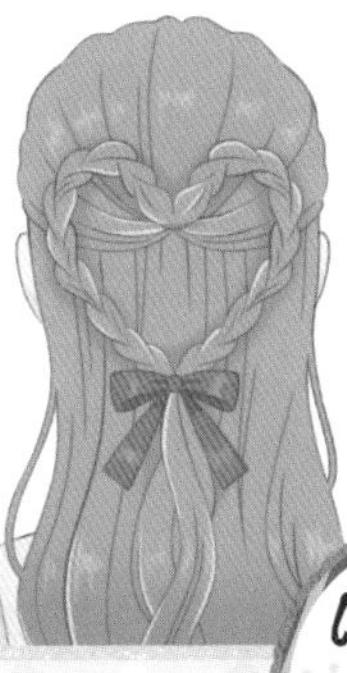

❷ ❶の結び目の1本に、毛糸を結びつけるよ。たれた毛糸の左右の長さが同じくらいになるように、毛糸の中心で結ぼう。

❸ 毛束をふたつに分けて、たらした毛糸をそれぞれと合わせるよ。これをロープあみ（133ページ）してね。

❹ 毛先までロープあみしたら、ゴムで結ぼう。ほかの3本の毛束も❷〜❸と同じように！

バレンタイン×ヒロイン

Heroine hair

ウォーター
フォール風ヘア

くる＆あみ
＆ぽこおさげ

ウォーターフォール風ヘアのやり方

1 トップの髪をとり分けて、ダッカールでとめておくよ。適当で大丈夫！

くる&あみ&ぽこおさげのやり方

1 髪全体を後頭部でふたつに分け、えり足あたりでふたつ結びにするよ。

ヘアレ

ドッキドキ♡♡♡
バレンタインはみ～んなが
ヒロインになれちゃう日☆
ガーリー度120%の
アレンジに挑戦しよっ！

2 サイドの毛をみつあみして毛先をゴムで結ぶよ。左右ともみつあみしてクロスさせ、後頭部にピンでとめておいて。

3 あみ目にアレンジスティック（195ページ）をさしてね。1でよけておいた毛を一束とって、スティックのわっかに入れて。

4 アレンジスティックを引っぱって抜くよ。あみ目にトップの毛が入っていれば成功！ トップの毛をすべてあみ目に入れていってね。

Heroine hair

2 1の結び目の3㎝くらい下のところをゴムで結んでね。結び目と結び目の間にすき間を開けて、くるりんぱ！

3 今度は毛束をみつあみしていくよ。毛束の半分くらいまであめたら、一度ゴムで結んで。

4 残りの毛束は、3㎝間隔でゴムで結ぶよ。ゴムとゴムの間の毛を引き出してまあるくしてね。反対側も同じようにやろう。

卒業式×かしこはなやか

Graduation ceremony

ゆるふわ
みつあみシニヨン

片寄せ
みつあみMIX

ゆるふわみつあみシニヨンのやり方

1 髪を後頭部でひとつにまとめて、えり足あたりで結ぶよ。

片寄せみつあみMIXのやり方

1 トップの毛を7：3に分けよう。7のほうの表面の毛をすくい、さらに3つの束に分けて、それぞれみつあみ。

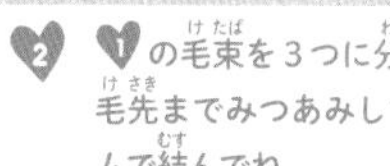

卒業式は、学校生活をしめくくる大事な日。かしこ見せが叶いつつ、卒服にもマッチするアレンジがすてき☆

2 1の毛束を3つに分け、毛先までみつあみしてゴムで結んでね。

3 1の結び目の上にすき間をあけて、みつあみごと、まずは1周くるりんぱ！

4 3と同じすき間に、みつあみを何度かくるりんぱして通すよ。通す毛がなくなったら、毛先をピンでとめて固定して。

Graduation ceremony

2 みつあみは、あみ目をほぐしてふんわりしたニュアンスにしてね。

3 3本のみつあみを、さらにみつあみしよう！ 毛先を長めに残してゴムで結んでね。

4 髪全体をみつあみしたほうに寄せて、えり足をピンでとめるよ。みつあみにピンをさしても◎。

ワンランク上のアレンジ術

かんたんにストレートやカールがつくれるヘアアイロンの使い方を紹介! おうちの人にやってもらってね♪

テク❶ スタイリングに便利!

ヘアアイロン

用意するもの

まっすぐにしたい!

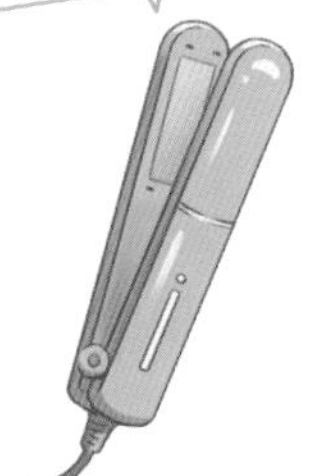

ストレートアイロン

ふたつのプレートで髪をはさんでまっすぐにするよ。前髪にも使うなら、プレートは小さめのものが◎。

カールアイロン

棒の部分に髪を巻きつけてカールをつくるよ。「コテ」と呼ばれることも! 26㎜前後の太さがおすすめ。

＋

スタイリング剤

カールの仕上がりをきれいにしたり、カールを長もちさせるために、専用のスタイリング剤を用意しよう。

背もたれのあるイスに座って準備するよ。やけどを防ぐために、タオルで背中や首をしっかりおおってね。ヘアアイロンをかける前に、ブラシをかけて毛流れを整え、巻かない髪はダッカールでとめておこう。

注意!

ヘアアイロンは200°C近い高温になるよ。やけどの心配があるから、かならずおうちの人にお願いしよう! また、アイロンをかけている間は、手や頭を動かさないようにしてね。

ストレートアイロンの使い方

1

耳より上の髪を分けておこう

耳より上の毛はあとでアイロンをかけるよ。まとめてダッカールで仮どめしよう。

2

根もとからアイロンをかけて

アイロンのプレートを根もとの近くからはさみ、毛先に向かってゆっくりすべらせよう。

3

耳より上の髪もアイロンをかけて

耳より下の毛にアイロンをかけたら、1でとり分けた髪も同じようにアイロンをかけて。

カールアイロンの使い方

1

髪を内巻きに巻いていこう

毛束をとり、カールアイロンで真ん中あたりをはさんだら、顔に向かって内巻きに巻こう。

2

ヘアアイロンをはずすよ

1を数秒キープしたら、髪をすべらせてヘアアイロンをはずすよ。同じように全体を巻こう。

リバース巻きって？

内巻きは「フォアード巻き」、外巻きは「リバース巻き」というよ。リバース巻きは、はなやかで大人っぽい印象になるの

テク❷ くつ下でつくる！ ソックバン

不要なくつ下があるなら、
ソックバンをつくってみよう☆
144ページのように
おだんごアレンジにも使えるよ♪

ソックバンのつくり方

つま先部分をカット！

くつ下は黒や茶色のものが◎。まず、つま先部分をはさみで切ってね。

つま先から丸めて…

切ったつま先のほうから、きつめにくるくる丸めていくよ。

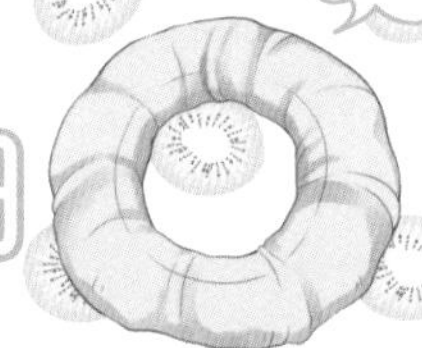

丸く形を整えよう！

最後までしっかり丸められたら、まあるく形を整えて完成だよ♪

ソックカールに挑戦しよう！

ソックバンはおだんごのほかに、
巻き髪をつくるのにも使えるの★

毛束を水でぬらす

髪はひとつにまとめておいて。きりふきで水をかけ、全体をぬらそう。

ソックバンを巻く

ぬらした毛束を、毛先からソックバンに巻きつけていくよ。

そのまま一晩…！

根もとまで巻いておだんご状態にしたら、そのまま一晩寝ちゃおう！

ソックバンを外す

次の日の朝、ソックバンをはずせばOK！ ヘアスプレーで固めよう☆

テク③ くるりんぱがラクに!?
アレンジスティック

100円ショップなどにも売っているアレンジスティックがあれば、くるりんぱが簡単につくれちゃうんだって☆

アレンジスティックってなに？

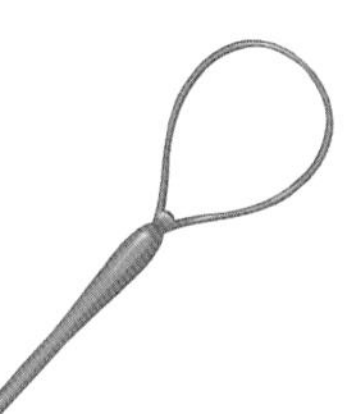

テニスやバドミントンのラケットのような形のスティックで、100円ショップなどでも購入できるよ。ヘアアレンジを簡単に、おしゃれにしてくれる超便利アイテムなの♡

188ページのアレンジで使用しているよ★

アレンジスティックで くるりんぱ

1 **結び目の上にスティックをさす**

くるりんぱにしたい毛束の結び目の上に、アレンジスティックの細いほうをさすよ。

2 **わっか部分に毛束を通す**

スティックのわっかの部分に、毛先から毛束を通すよ。スティックが抜けないように注意。

3 **スティックを抜くだけ！**

そのまま、スティックを下に向かって抜き取るよ。これだけで、くるりんぱができちゃうの。

今度オレも
チキュウに遊びに
行くから、よろしくな！

おさななじみの
ギンガが来るの

にこのこと
おしゃれでかわいい
って言っててね…

もしかしてネオ…！
きゃっ

ネオはかわいいよ！
もっとかわいくなって
ギンガくんのこと
見返しちゃおうっ
ぎゅ～

にこ、ありがとう！

ヘアアレって
本当に魔法みたい！

お金をかけなくたって
練習すればだれでも
絶対かわいくなれちゃうんだ！

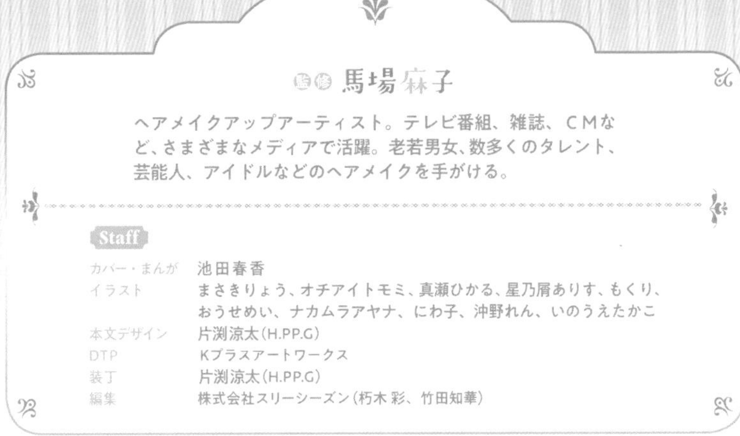

監修 馬場麻子

ヘアメイクアップアーティスト。テレビ番組、雑誌、CMなど、さまざまなメディアで活躍。老若男女、数多くのタレント、芸能人、アイドルなどのヘアメイクを手がける。

Staff

カバー・まんが	池田春香
イラスト	まさきりょう、オチアイトモミ、真瀬ひかる、星乃屑ありす、もくり、おうせめい、ナカムラアヤナ、にわ子、沖野れん、いのうえたかこ
本文デザイン	片渕涼太(H.PP.G)
DTP	Kプラスアートワークス
装丁	片渕涼太(H.PP.G)
編集	株式会社スリーシーズン(朽木 彩、竹田知華)

めちゃカワMAX!! モデルみたいにかわいくなれるっ
ヘアアレンジパーフェクトBOOK

2020年4月5日 初版発行
2024年5月5日 第8刷発行

監修者 馬場麻子
発行者 富永靖弘
印刷所 株式会社高山

発行所 東京都台東区台東2丁目24 株式会社 新星出版社
〒110-0016 ☎03(3831)0743

ISBN978-4-405-07308-1

ヘアアレをい〜っぱい勉強したね！
でも、せっかくのかわいいヘアアレも、
髪がぼさぼさだったり、
肌のケアができていなかったりすると、
ミリョクが半減しちゃうかも……。
正しいヘアケアやスキンケアのやり方を覚えれば、
今まで以上にヘアアレが決まるようになるはず♪

ヘアケアでサラツヤ美髪を目指そう！

ヘアケアってどうして大切なの？

清潔感のあるサラツヤ髪は、みんなのあこがれ。そんな印象バッチリのキレイな髪をつくるには、「毎日のヘアケア」が大切なの！　正しいヘアケアを行うことで、パサつきや枝毛ができにくくなって、髪全体にツヤとまとまりが出てくるんだよ。正しいヘアケアをマスターして、健康的な美髪を GET しよう♪

3つのデイリーケアが大切！

ケア1　髪を洗う

髪や頭皮の汚れを落とすよ。清潔な地肌は、強く健康な髪を育てるための必須条件なんだ！

ケア2　ドライする

自然乾燥はフケやパサつき、寝ぐせの原因になるよ。ドライヤーできちんとかわかそう。

ケア3　ブラッシング

髪をブラシでとかすことをブラッシングというよ。毛流れを整えてサラサラ感をアップ！

基本のヘアケアアイテムをチェック！

ヘアケアに必要な5つのアイテムを紹介するよ！
それぞれ、正しい使い方も合わせて覚えよう。

シャンプー

髪や頭皮を洗う洗剤のこと。使用量は商品によってちがうから、パッケージをよく確認してみて。

コンディショナー（リンス）

髪表面を油分でおおってうるおいを守るためのもの。髪のパサつきを防いでくれるよ。

トリートメント

髪のダメージをケアするもの。髪の栄養や油分を補って、健康な状態に整えてくれるの。

ドライヤー

タオルドライした髪をかわかすときに使うよ。温風と冷風の2種類の風が出るものが多いの。

ブラシ

髪に通して、毛流れを整えるためのもの。ツヤを出すなら、豚やイノシシの毛のブラシがおすすめ。

自分の髪に合った
お気に入りアイテムを
見つけられるといいね♪

きりとり線

ケア1 正しく髪を洗って清潔に！

サラサラ美髪には、清潔な地肌が欠かせない！
汚れをきちんと落とすやり方を覚えよう♪

1 ホコリや汚れをブラッシングでオフ

髪がからまったままシャンプーするとダメージの原因に！　先に目が粗いブラシやコームで、髪全体を軽くとかしてもつれをほどいておこう。手ぐしでもOK！

アイテムはこれ！

2 髪全体をぬるま湯で流そう

シャンプー前に髪や頭皮をぬらしておくことを「予洗い」というよ。こうすることでシャンプーの泡立ちがよくなって、皮脂や汚れが落ちやすくなるの！

3 もこもこの泡でしっかり洗おう

シャンプーを手のひらで軽く泡立て、頭皮全体を指のはらでやさしく洗おう。生えぎわやえり足、耳の後ろは洗い残しやすいから注意。シャンプーは、念入りにすすいでね！

4 コンディショナーでうるおいチャージ♪

軽く水気をきったら、傷みやすい毛先を中心にコンディショナーをなじませるよ。少し時間をおいてから、手ぐしで毛流れを整えるようにしてしっかり洗い流してね。

5 タオルでしっかり水気をとろう

タオルで髪をはさんで、両手で包みこむようなイメージで水気をとろう。ゴシゴシこすると、ダメージやパサつきの原因になるからやさしくふいてね。

きりとり線

hair care

ケア2 ぬれた髪はきちんとドライしよう

ずっと髪をぬれたままにしておくと、
開きっぱなしのキューティクルからうるおいがどんどん逃げていくの！
でもドライヤーで早くかわかせば大丈夫。
うるおいが守られて、まとまりのある髪に仕上げられるよ。

1 タオルでしっかり水気をとろう

ドライヤーの前に、髪全体をしっかりタオルでふいておこう。びちゃびちゃのままだと、かわかすのに時間がかかっちゃうし、からまりの原因にもなるよ。

2 根もとからドライ！

髪は根もとからドライヤーをかけるよ。髪の根もとから10センチほどはなして、温風を当てよう。頭頂部から前髪まで、指のはらで毛束をかき分けるようにしながらかわかしてね！

3 耳より後ろをかわかして

次に頭頂部の耳より後ろの毛をかわかすよ。つむじの左右から髪をとり、つむじにかぶせるように指を通してね。髪の根もとを起こすようにするのがポイント。

4 毛流れにそってかわかそう

髪の根もとがかわかせたら、次は毛先。髪の流れを手ぐしで整えながら、ドライヤーの温風を髪の根もと→毛先に向かって当てよう。後頭部やサイドの毛を手ぐしで整えるように。

5 髪全体をかわかして冷風を当てよう

髪全体が完全にかわいたら、ドライヤーを冷風モードに切りかえて、熱を冷まそう。髪にツヤが出るし、クセをおさえられるの。

トリートメントは髪のダメージを補修する成分が含まれているよ。パサつきが気になる冬場や、特別な日のケアに使おう！

きりとり線

hair care

ケア3 ブラッシングでサラサラヘアに

寝起きの髪やドライヤー直後の髪は、手ざわりがいまひとつだけど、髪全体にきちんとブラシをかければ、毛流れが均一に整うから、手ざわりがよくなってツヤ感もUPするの♪

1

手ぐしで髪のからまりをほぐそう

いきなりブラシを入れると毛先がからまってしまうことも！　まずは、手ぐしで髪全体の毛流れを軽く整えよう。

アイテムはこれ！

2

毛先からていねいにブラシをかけよう

髪がほぐれたら、最初に毛先からブラシをかけるよ。髪の束を少しずつとってていねいにとかしていって。

3

髪全体をブラッシング！

毛先をとかしたら髪全体をブラッシングしよう。頭頂部から毛先に向かって、ブラシでまんべんなくとかしてね。

寝グセがついてしまったら？

寝グセは髪の根もとからついていることが多いんだ。水や寝グセ直し剤で軽く根もとをぬらして、髪を真っすぐ整え直してからドライヤーをかけてかわかそう。クセづいたところを手ぐしで伸ばしながらかわかすと◎。

これを使ってみよう！

寝グセ直し剤

寝グセがついてしまったときの頼れるアイテム。寝グセに直接かけられるスプレータイプが使いやすいよ。

きりとり線

skin care

スキンケアでうるうる肌をGET!

スキンケアってどうして大切なの？

肌は第一印象を決める大切なパーツ。だから肌があれていると、すてきな笑顔やおしゃれなコーデも、ミリョクがダウンしちゃうかも……。毎日の正しいスキンケアで肌トラブルを予防して、うるうる肌をキープしよう♪

肌がキレイだと気分も明るく前向きになれるよね！

3つのデイリーケアが大切！

ケア1 洗顔

専用の洗剤で顔のホコリや皮脂汚れ、汗を落とすよ。朝起きたときと夜眠る前に洗うのが基本だよ！

ケア2 保湿

化粧水&乳液をつけて、肌にうるおいをプラス! とくに乾燥しやすい秋〜冬は、保湿を徹底しよう。

ケア3 UVケア

UV（紫外線）は、うるうる肌の大敵！ UVをカットできる日焼け止めクリームをぬってね。

基本のスキンケアアイテムをチェック！

スキンケアに便利なアイテムを紹介するよ。自分の肌の調子に合わせて商品を選ぼう。

洗顔料

顔を洗う専用の洗剤。チューブタイプの「洗顔フォーム」をはじめ、「泡タイプ」や「固形タイプ」などさまざま！

化粧水&乳液

化粧水は肌にうるおいを与えるもの。乳液は肌の表面にうすい膜をはって、水分の蒸発を防いでくれるものだよ。

ターバン

頭につけて顔まわりの髪を上げるときに使うよ。髪の生えぎわまでしっかりケアするために必要なの。

ニキビには…

ニキビの原因である「アクネ菌」をとりのぞく成分が入った洗顔料がおすすめ☆

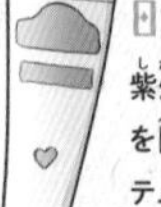

日焼け止めクリーム

紫外線による日焼けを防いでくれるアイテムだよ。

スキンケアアイテムは、しっとり系やさっぱり系など、さまざまなタイプがあるの。肌の状態に合ったものを選んでね。

きりとり線

ケア1 正しい洗顔ですっきり♪

眠っている間に汗をかいたり、一日中ホコリっぽい外気にさらされたりして、肌には新しい汚れが絶えずたまっていくの。朝と夜の洗顔できちんと汚れを落とさないと、ニキビやベタつきを引き起こしちゃうよ！

1 洗顔料を泡立てよう

顔まわりの髪がじゃまにならないようにターバンをつけてスタート。手のひらをまんべんなくぬらしたら、洗顔料を手のひらに出して、しっかり泡立ててね。ホイップ状になると完ぺき☆

アイテムはこれ！

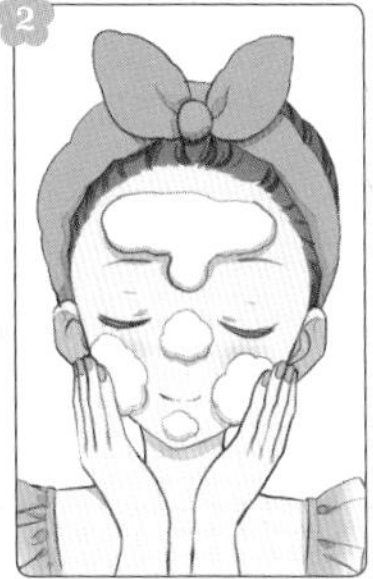

2 顔全体に泡を広げよう

洗顔料が十分に泡立ったら、両ほほ、額、鼻、あごに泡をのせよう。泡のクッションでやさしく包むようなイメージで顔全体に泡を広げて。

4 ぬるま湯でしっかりすすぐ

顔全体を洗い終えたら、ぬるま湯で10回以上すすいでね。右手で左ほお、左手で右ほおを洗う「クロス洗い」をすると、すすぎ残しが防げるよ！

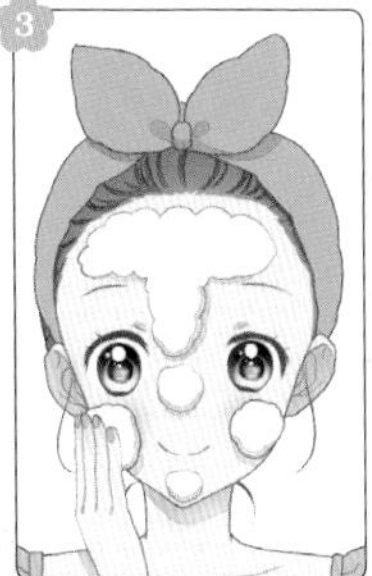

3 ほおから順にやさしく洗おう

ほおから順に、指のはらで泡を転がすように洗っていくよ。額や鼻、あごは特に汚れがたまりやすいから念入りに。

5 タオルで水気をふきとろう

洗顔後は、かわいた清潔なタオルで水気をふきとろう。ゴシゴシこすると、肌がきずついちゃうから、やさしくおさえてね。

きりとり線

ケア2 きちんと保湿でうるおいUP

きちんと洗顔できたら、化粧水と乳液で肌にうるおいを与えよう。肌がベタつき気味な子は、化粧水だけでもOKだよ。

1 顔全体に化粧水をぬり広げてね

ターバンで髪をしっかり上げてね。まずは化粧水から。手のひらに500円玉くらいの化粧水をとって、両ほほ→額→鼻→口→目元の順におくよ。それを顔全体にていねいにぬり広げてね。

アイテムはこれ！

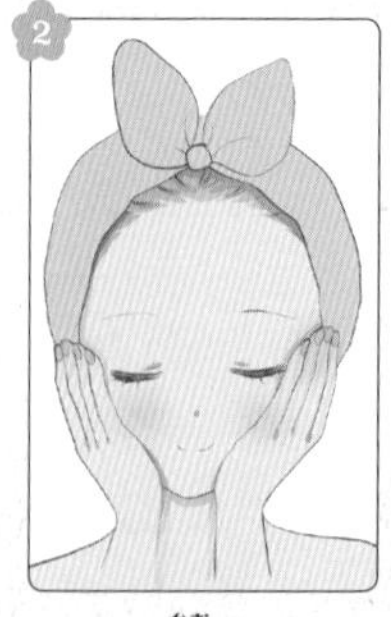

2 手のひらで顔を包みこんでプッシュ！

両手で顔全体を包みこみ、やさしくプッシュ♪　こうすることで、化粧水が肌にしっかりなじむの。うるおいが足りないと感じるところは重ねづけすると◎。

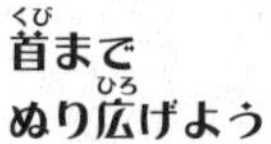

3 首までぬり広げよう

化粧水を首にもぬり広げるよ。手のひらに化粧水を少し足し、手をすり合わせて化粧水を広げるよ。親指以外の4本の指で、あごの下から首のつけ根に向かってやさしく広げよう。

4 乳液も同じ手順でつけてね

化粧水で肌をうるおしたら、乳液でフタをして、うるおいをとじこめるよ！　1～3と同じ手順で、顔と首にぬり広げよう。とにかく「やさしく」が大事だよ。

きりとり線

ケア 3

UVケアで日焼け対策！

太陽光線にふくまれる「紫外線」は、長時間浴び続けると肌にダメージを与えるこわ〜い存在！　10年後20年後にトラブルを招くこともあるの。いつまでもトラブル知らずのキレイな肌をキープするために、今のうちから対策することが大切だよ。

日焼け止めはこれをチェック！

日焼け止めがどれくらい紫外線をカットできるかは、「SPF」と「PA」の数値を見ればわかるの。数値が高いほど紫外線をカットできるけど、肌への負担も大きくなるよ。右の表を参考に、シーンに合わせて選んでみよう。

SPF

肌が赤くなる原因になる紫外線B波をカットする力。SPF 1につき、効果が約15〜20分続くよ！

PA

肌の奥に届き、将来シミやシワの原因になる紫外線A波をカットする力。+表示が多いほど効果が大きいよ。

選び方のめやす

	登下校	屋外で遊ぶ	日差しが強い日
SPF	10〜20	20〜30	30〜50+
PA	+〜++	++〜+++	+++〜++++

日焼け止めのぬり方

アイテムはこれ！

日焼け止めクリーム

フェイス

日焼け止めを手にとったら、直径5㎜くらいの量を両ほほ、額、鼻、あごの5か所にのせよう。内→外、外→内と指のはらを往復させて、顔全体にぬり広げてね。

ボディ

まず、1本の線を引くように日焼け止めをのせよう。次に手のひらを矢印のように動かして往復させながらぬり広げていくよ。足や首も同じようにぬればOK！

日焼けをしてしまったら？

日焼けした肌はやけどと同じ状態だから、冷やすことが最優先！　氷水で冷やしたタオルで、日焼けした肌をやさしくおさえて冷やしてね。熱が引いたらいつも通りのスキンケアをしてOK。うっかり日焼けしても一日くらいなら大丈夫だから、あわてず冷静に対応しようね。

きりとり線

スキンケア&ヘアケア

めちゃカワMAX!!
ヘアアレンジ
パーフェクトBOOK
（新星出版社）

きりとり線